精品集萃丛书·梦想系列

想是
沙漠深处的绿洲

《中学生博览》杂志社 选编

时代文艺出版社

图书在版编目（CIP）数据

梦想是沙漠深处的绿洲 /《中学生博览》杂志社选
编. -- 长春：时代文艺出版社，2021.6
（青春美文精品集萃丛书. 梦想系列）
ISBN 978-7-5387-6704-9

Ⅰ. ①梦… Ⅱ. ①中… Ⅲ. ①作文－中小学－选集
Ⅳ. ①H194.5

中国版本图书馆CIP数据核字(2021)第083854号

梦想是沙漠深处的绿洲
MENGXIANG SHI SHAMO SHENCHU DE LYUZHOU

《中学生博览》杂志社　选编

出品人：陈　琛
责任编辑：刘瑀婷
助理编辑：史　航
装帧设计：孙　利
排版制作：隋淑凤

出版发行　时代文艺出版社
地　　址：长春市福祉大路5788号　龙腾国际大厦A座15层　（130118）
电　　话：0431-81629751（总编办）　　0431-81629755（发行部）
网　　址：weibo.com/tlapress（官方微博）　　sdwycbsgf.tmall.com（天猫旗舰店）
开　　本：880mm×1230mm　1/32
字　　数：135千字
印　　张：7
印　　刷：三河市嵩川印刷有限公司
版　　次：2021年6月第1版
印　　次：2021年6月第1次印刷
定　　价：36.00元

图书如有印装错误　请寄回印厂调换

编 委 会

Contents
目 录

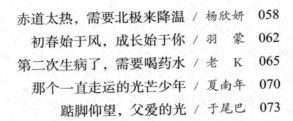

初春始于风，成长始于你

那些年，你给我的力量

和沈女士的相处之道

追尾日记

花成海，心向阳

梅子青时雨

时光轻泛终成舟

简小言

　　我在QQ空间里给小伙伴们写印象评论，或短或长的话语轻易地概括着我们之间发生的故事，轮到诺小涵的时候，我只写了句"详情请参考小博2016年的《愿你我停留在幸福无忧的时光》"。多好的题目啊，傻里傻气的，就像当初的我们。

　　那时的我总想让最好停驻于此，却忘了时光向来残忍。

　　我与诺小涵都没有考上理想的学校，也没有一起去看海、看樱花，更没有整天腻歪在一起，偶尔的一个电话也是匆匆两句便不耐烦地挂了，仿佛一对刚过热恋期的情侣，一切渐渐回归平静，甚至冷淡。

　　不知道从什么时候开始，我不大喜欢搭理诺小涵了。

或许以前打电话我们也都是各讲各的，但是现在基本是她讲她的，我一直静静地听，直到没耐心地说再见。

毕业后去鼓浪屿是我与诺小涵多年的约定，她也给我写过许多的明信片让我一定要记得那不堪一击的脆弱的口头约定，可最后我却是跟其他同学一起去的厦门，诺小涵跟亲戚去了西安。仿佛在此刻，我才发现我们之间坚不可摧的友谊原来这么不堪一击，诺小涵说友谊的小船炸了，残骸碎片只扬起了一层灰，随着我们渐渐冷静的热情尘埃落定。

我跟诺小涵认识了三年多，从高一的懵懂到高二的疯狂再到高三的迷茫，从官方客气到撒泼耍赖一点点地适应对方的存在，甚至经常跟别人炫耀说"这是蠢涵，我发说说朋友圈从来都不需要艾特她，她都能看到"。后来我的QQ空间却渐渐少了属于你的访客记录……

原来时光并不会因为祈愿而停留，我们终究只是没见过面的陌生人。通过文字声音了解的不过只是生活的皮毛，朝夕相处的好友都会互不理解，更何况我们呢？

没有联系的寂静日子，渐渐地怀疑、慢慢地考验我们之间的关系。于对方是过客，是小插曲，是调味品，不是没你不行，而是有你更好。

这个可怕的想法让我鬼使神差地拨通诺小涵的电话，

嗯，没有人接。

大概她在忙吧，我再一次这样地安慰自己。

过了好久，诺小涵回我电话了，没错，她又在埋怨我为什么不给她打电话，是不是把她忘了。听着这一声声矫情的话语，我莫名地想哭，眼泪连在眼眶打转停留的时间都没有，便吧嗒吧嗒地往下掉，我们真的很久没联系了呢……

一阵抽泣后我终于开口问她最近在忙些什么。她笑着说在忙会演啊，故作轻松的语气里夹杂着些许疲惫，我想她应该也听得出我这边的尴尬吧。

我哈哈地干笑几声企图打破沉默，随口便问有需要帮忙的地方吗。我真的也就那么随口一问，只是想找些什么来聊，像以前一样。

可我却又开始担心她把我当外人，不愿意麻烦我，将一切的劳累自己承担，又怕她需要我的帮助，而我却什么也做不了。想想之前的日子，突然发现我之前竟一直没考虑过这个问题。

再一阵沉默……

"那你帮我找件汉服吧，我汇演要用。"诺小涵思考了一下如是说。

仿佛得到了释放，也仿佛一下子回到了曾经，我爽快地说："好！"

替她找件汉服不是难事，只是我想起第一年是帮她找礼服，第二年是找汉服，不禁有点期待第三年会是什么？皇帝的新装？那有求必应的我不就是灰姑娘里的老巫婆，不对，老仙女吗？不行不行，人家可是小仙女！

诺小涵傻傻地笑了，你看我们之间有好多回忆啊！

是啊，好多好多回忆，多到许多细枝末节都记不清，以至于觉得根本不存在。

"一切不重要的存在，都是因为太过重要，所以变成日常了。"嗯，我很喜欢这句话，我们之间大概就是这种感觉吧。我瞬间豁然开朗。

我们又要有一搭没一搭地开扯了，尽管有些生疏，有点儿隔阂，但有了过往日夜陪伴的铺垫，我仍相信着我们之间会地久天长，至少这里不是终点。

尽管我们隔着千山万水，但缘分却让我们的心灵契合得刚刚好。一遍遍地热烈、冷淡，一遍遍地欢喜、失落，都为我们未知的旅途埋下伏笔，做好铺垫，只待相见时分，一眼万年，我不说，你都能懂。就像明月懂得清风的洒脱，初雪明了鲜花的心意，一切都平静得那么美好。

在即将挂掉电话的时候，我还是极平淡地告诉诺小涵一个重大的决定。

——我想去复读。

——嗯，我也是。

——那我们明年一起去鼓浪屿毕业旅行。

——好，加油！

此时的约定能不能实现似乎也不那么重要了，重要的是我们都曾经有过期待，这就足够了。

后记：这篇文章我写了很久，一直都是断断续续的，想到一点儿写一点儿，过后又都删掉，然后再想到一点儿便写一点儿，再一点点地删掉，反反复复地就像我跟诺小涵的联系一样断断续续。

诺小涵曾经说过关于我们友谊小船的一段话，具体内容我记不清了。但我想说，不管小船是翻了还是炸了，在时间的细流里载着我们或急或慢地前行……

女生的友谊，你不懂

阿　暖

我是在高二分班以后认识小猪的。

那天刚分班，我所有的暑假作业都还没写，满脑子都在想怎样才能逃脱老师们的围追堵截。

我的计划是，让我的新同桌把作业铺满课桌，这样当组长来检查我们的作业时，就一定会说："看！你们弄成什么样子了？乱七八糟！"到时我便赶紧讲："对不起，我整理整理，你先记一下，那个历史练习我还没有写。"

哈哈，我很聪明吧，组长是猜不到我会用牺牲小我来保全大局的。

而计谋的结果是我被四科老师骂了，准确地说是四科半，最后那位四十七岁的老师很慈祥地撂狠话："不错哦，同桌两个都只写了一页的生物，那就请你们结伴留下补完再走吧。"

在吃夜宵中，我泪眼汪汪地吸着鼻涕，"你这人有病啊！干吗把作业分我一半！"我说不下去了，辣得声音都变了调。

我的新同桌，安分地扒着海鲜鳗鱼味的方便面，笑眯眯地告诉我："我这味儿鲜，要不你来一口？"她那双善解人意的大眼睛，清澈得像银河，"我第一眼就看爽你了。"这般不怀好意的话，在她嘴里却带有极具亲切的质感，我愣了。

在一闪一闪的手电筒照耀下，她穿着一件粉蓬蓬的外套，笑容蔓延在毛茸茸的并不白皙的皮肤上。她侧过身去吮汤勺，嘟嘟的嘴巴，圆弧形的肉鼻子，还有那双亮晶晶的眼睛。她一点儿都不好看，可是她的可爱和憨厚都在暴露她像某种动物的本质——小猪。

隔着脏兮兮的桌子，我伸过手去抚摸她的脑袋，一股暖流同时击穿我们！我说："谢谢你啊，小猪。"

她把眉毛灵活地垂下一格害羞地说："嗯啊，小熊。"

从那以后我这只小熊和她那只小猪，就成了形影不离的好朋友。

我们分看一本《国家地理》的318国道走势图，结伴去看《后会无期》，一起讨论网上心仪的大衣。小猪说她最喜欢粉色，我说，真巧，我也是。

课间我们也各自分一个耳机听音乐。有一个阴柔的声音在低沉地歌颂友情："风吹雨成花，时间追不上白马，你年少掌心的梦话，依然紧握着吗……"

我强忍着不适感，扭头问小猪："吴青峰帅吗？"

"那是一个纵向生长素分泌过低的土豆。"她懒洋洋地对着镜子挤痘痘。我们都有同样的镜子、梳子、水杯和文具袋。

我们一起结伴去厕所，五十米开外就要走很久。我说小猪我讲个故事给你听啊，小猪说好。

我还没有说呢，厕所就到了。

可等到出来的时候我就忘了这个故事。小猪说我说个故事给你听啊，我说好啊。小猪说算了，我说屁！

莫名其妙。我们笑了起来。

我会在任何一节课调戏小猪，把她的手抱在怀里。

小猪说："你在抱金华火腿吗？口水都流满地了。"

我用鼻子蹭着她的白校服，想把黑头分她一点儿。我在小猪耳边呵热气。小猪物理课睡着了，我就一边听课，一边摸她的头梳刘海儿。

后排沸腾了，那个男生说："太扯了！你们是钢化玻璃吗？"

下课后我飞瞪他一眼，"女生的友谊，你不懂！"

小猪是世界上的另一个我，但无论如何亲昵，我们也都是独立的个体。

只是我们这两个个体，来不及变坏也不够好，我们也会吵架，但不会有真的隔阂。

亲爱的小猪，我们一起走完了高中，还要一起走完大学，走过今后所有的人生。因为你是我最好的朋友，小猪！

谢谢你刻意留出的距离

刘雨辰

从教学楼出来的时候，我的心已然跌入谷底。虽然嘴上说着没事，和同学们挥手告别，挂着的笑容却早已如颓败的桃花，好像风一吹就会尽数凋零。毕竟，连续多年"三好学生"的称号中断在这最后一年，就算是心理分外强大的人，怕也是一时过不去心里的坎儿。

我靠在校门口的栅栏上，等待着同我一起回家的小伙伴儿，手插在口袋里，头埋得低低的。早已从别人口中得知她评上三好学生的消息，我虽然为她高兴，却同时也怕她一会儿的提及和炫耀，即使是安慰，也同样让我不知该如何面对。

"嗨，你们班放得这么早？"

她出来了，一蹦一跳地从队伍里跑出来，如一只欢快的小兔子，笑容如和煦的春风，温暖在我的心间。"今天我们老师拖了好久的堂呢，还留了不少的作业，真怕写不完……"她叽叽喳喳地开始念叨，小麻雀似的在我身边转悠，诉说着这一天的趣事，一刻也不停歇。

唯独没有说评三好学生的事。

像是普通同学一样和我拉开距离，没有苍白的关心，没有徒劳的安慰，更别说勉强让我向她道贺了。她是知道我没有评上的，亦是知道我心情的不好，却什么也没有说。

我的心在瞬间变得柔软，眼眶微红。

她兴致勃勃地拉着我去了小区的中心花园玩。我们坐在草坪上，像平常一样谈天说地。

"你们班老师有没有让背古诗词？我们语文老师可有意思了，一天一首，让我们到讲台上去讲。"她大大咧咧地念叨着，看似没心没肺，看似无忧无虑。

"我们班从下周开始讲。"在她的影响下，我的脸上渐渐褪去了阴霾，不再强颜欢笑，取而代之的是发自内心的真诚的笑容。她则绕着腿，不停地说，不停地笑，尽力将一切的陪伴做得自然、平淡。银铃般的笑容连连在树荫下回荡，其中蕴含的是两个女孩儿彼此间留给对方的空白，让人感激的空白。

说到难过不好的事，我们总是习惯性地去安慰，去恪守自己作为朋友的本分，从而显得亲密无间。殊不知，这有时亦是一种伤害。倒不如给对方留些余地，留些距离。

那天，直到最后，她没有给我一句安慰，我也没有给她一句祝贺。傍晚，目送着她在路灯下渐行渐远的身影，我轻轻地开口，对她说："谢谢。"

　　谢谢你刻意留出的距离。

最 好 的 你

双人寻

1

在在是我初中同学中最高最瘦的一个妹子，走路带风，大长腿傲视群雄，第一次见到她的人都会以为她是一个御姐，爱穿性感霸气的皮衣皮裤，做事雷厉风行，说话一呼百应。或者最起码也应该是一个女神，让男生们可望而不可即。

可惜，她都不是。

我第一次见到她时，是一个新学期伊始，全班人都带着假期里未消的热情坐在教室里叽叽喳喳，唯有她，一拿到新书就开始仔细研读，与周遭喧嚣的环境格格不入。

2

　　在在并不像其他女孩儿那样在意自己的样貌，留着规规矩矩的学生发，白T恤加牛仔裤是她最常见的装扮。她身上有着同龄人身上很难找到的勤奋和上进心，每天除了吃饭睡觉，就是看书，就连吃饭也要比别人快一些，入睡也要比别人早一些，这样她就能省下更多的时间用来学习。这个年龄的少男少女多少有些心浮气躁，她却真正做到了"两耳不闻窗外事，一心只读圣贤书"。

　　学霸多半不愿和别人有过密的来往，而我也不是主动的人，所以即使我们坐在一个班级里，住在同一个寝室，我和她说的话仍然不会超过三句。

　　"你好。"

　　"你好。"

　　"嗯。"

　　有一次，在在穿着一件灰色的针织衫在我眼前晃荡，款式和我奶奶的那件相差无几。爱美心切的我看不得她那么糟蹋自己，动用自己的巧手把她拉到厕所改造了一番。那天她穿过走廊去上晚自习的时候，回头率"噌噌噌"往上涨。

　　不过第二天，她又换回了那件我奶奶穿也毫不违和的灰色针织衫。

我问她昨天那套不是挺好的吗，为什么要换掉？

她只是简单地回答我，这件穿着更舒服。

"爱美之心，人皆有之"，遇到在在后，我突然开始有些怀疑这句话了。

3

在在的性格一直是平平淡淡的，对人也温温和和，因而有时显得有些软弱。人多少都有些恃强凌弱的心理，大家都以为在在好欺负，所以总占她的便宜。在在心知肚明，却从不介意，倒不是因为胆小怕事，只是她对人、对事都很淡然，不那么计较得失。

升入九年级后，我明显地感觉到自己对于学习的天赋好像已经消耗殆尽了，周围的男生依旧坚持着打游戏、看小说的爱好，成绩却能稳步上升，而我只要上课多发了会呆，考试时脑子就一片空白。

成绩大不如前的我不得不开始努力。我学着在在的样子，每天天不亮就起床，像机器人般快速而连贯地完成洗脸、刷牙等一系列动作后，就冲到教室早读。从小缺乏毅力的我，却坚持那样做了一个月。可是月考的分数下来，我的成绩依然只是原地踏步。

努力却得不到回报带给人的打击，比我想象的更大，本就不够乐观的我，在看到试卷的那一刻，心情瞬间跌至谷底。我趴在桌子上，一边暗暗怀疑自己的能力，一边埋怨上帝的不公。

那天晚上我唉声叹气地回到寝室，一推开门，就撞见了在在正在哭泣的脸，豆大的泪珠砸下来，我却不敢上前说一句安慰的话。

我连自己都安慰不了，又怎能安慰别人呢？

在在遭遇了和我一样的窘境，而她之前却付出了比我更多、更持久的努力。

月考之后位置大调，我阴差阳错地和在在成了同桌。近距离接触她之后，我发现她比我想象的还要努力。无论收到了多么难看的成绩单，她顶多就是叹一口气，然后就重新钻进书堆里努力。"享受努力的过程就好。"

或许不那么在意结果，才会有最好的结果。九年级上学期的最后一场考试，我原本已经做好了成绩原地打转的准备，可没想到，我的排名前进了一百多。

4

雨雪纷飞的寒冬，其他年级的学生早已拉着行李箱回家了，而我们依然坐在教室里，埋头写着试卷。四十多天未曾回过家的我早已两手空空，穷得捉襟见肘。我打电话给爸爸，让他来学校送些钱给我。

爸爸千里迢迢赶来把钱给我之后，又特地跑到校外的店铺买了一袋水果送来。那时上课铃声已经响起，我拿完钱，以为爸爸已经走了，便回到座位上翻看数学书，突然提着一袋水果出现的爸爸吓了我一跳，也吓了我前桌的几个男生一跳。

等我爸爸走后，那几个男生突然不怀好意地笑着问我："那是你爸爸呀？"

我点点头，他们就笑得更猖狂了，"看着跟你爷爷一样老，和上次来看你的奶奶简直配一脸。"

事后再想起这件事时，我能在心里说出一百句回敬他们的话，"凭什么因为一个人的年龄而嘲笑别人！""为什么对别人的家长没有一丝尊重！"而那时的我只是涨红着脸，说不出一句话。

"随便嘲笑别人的爸爸太没礼貌了吧！"在在从课本中抬起头，平静地对那帮男生说。

老实说，要不是在在的这句话，我真不知道要怎么下台。

还没等到我用感动的眼神看着她，在在就自顾自地埋头写作业了。她不会知道，她那简简单单的一句话，在我心中掀起了多么温暖的浪花。

5

中考将至，我们却越来越放松，我从室友那里借来一打小说，晚上打着手电筒躲在被窝里看，我的情绪随着跌宕的故事起起伏伏，一会儿哭一会儿笑的我像个神经病。

每天中午自习课的前二十分钟成了我和在在的小说分享会，我绘声绘色地向她描述昨晚看的小说情节以及自己对男主的无限崇拜和爱。她听得十分起劲，不断地追问我然后呢然后呢……

"然后……就没有然后了。"我每次都这样回答她。

最后她不甘于每天只能听着我讲，自己跑去把书借来看了一遍。书里有那么多个闪闪发光的角色，而她却最喜欢里面一个和她重名的配角。我问她为什么啊，她说她也不知道。

"只是单纯地觉得他很好啊，长得帅气，而且成绩优异。"

下晚自习后，我躲在被窝里重新把那本小说看了一遍，并且重点留意了在在喜欢的那个男孩儿。

书里的在在即使患重病，依然能考出很好的成绩，而我身边的在在，只是一个勤勤恳恳才能换取一点儿进步的平凡女孩儿。人们总是会向往自己没有的东西。与其说是喜欢，倒不如说是羡慕吧。

6

中考前三天，是我们玩得最嗨的三天，我们趁班主任查完寝后，偷偷地从床底下摸出零食和饮料，举行属于我们的毕业派对。

我把一根辣条塞进在在的嘴里，脑子突然冒出了一个奇怪的问题："如果上高中的时候，有一个像在在一样的男孩儿向你表白，你会答应吗？"

在在毫不犹豫地点头，我激动得尖叫了起来，早恋杀手在在居然会同意在高中谈恋爱！

我一边吃着辣条，一边在心中许愿，让在在真的遇到一个小说版在在那样的男孩儿吧！

在在的中考志愿简直就是从我这复制粘贴过去的，不过关于要报考哪所学校，我们事先并没有商量过。原来不知不觉中，我们连目标都变得一样了。

仿佛只是一眨眼，初中三年就已经走到了尽头，离开学校的那晚，我开玩笑叫在在亲我一口，没想到她真的就扑过来往我脸上啄了一下，让我有些懵，我后知后觉地把包里的奶粉全都掏出来塞进在在的手心里。在在笑我人家毕业都是送花送巧克力的，只有我，送奶粉。虽然嘴上嫌弃，她却还是默默地把奶粉装进了口袋。我笑着和在在拌嘴打闹，嘻嘻哈哈，完全不像是明天就要分开的人。

7

虽然很煎熬，但努力终归是不会错的，我和在在都考到了自己理想的学校。公布分数的那一天，我看着自己六百多分的中考成绩，顿时松了一口气，总算能过个放松的暑假了。

在在回家就把我送她的奶粉泡了喝了，她把她喝奶的照片发给我，照片中的在在捧着一杯奶，一脸傻气。

我正准备吐槽，却又收到了一条来自在在的消息。

"最懂我，你不愧是我最好的朋友啊！"

梅子青时雨

颜　续

"有界限的海，或许属于希腊或罗马；没有界限的海，属于葡萄牙。"

历史课上老师念出葡语诗人佩索阿的这句诗时，我一下子想到了你。

大概在很多人小的时候都曾经希望过能有一个一起长大的青梅或者竹马吧。青梅和竹马，念起来多好听啊。哪怕只是青梅，或者竹马，也好啊。

我们俩就算是青梅。小时候住在同一个院儿里，大人们在院子里用大瓮养肥硕的鲤鱼和荷花，还种了杏子梅子枣子。初夏开始是青梅的花期，连下了许多天的雨，最欢喜的就是雨刚刚停了的时候，风很凉爽，连鸟雀的叫声都很透亮，仿佛是一幅玻璃画的质地。

老妈看不惯我整天无所事事到处疯跑，于是把我塞到同院儿一个美术老师那里让我学画画，你为了陪我，也一起学。你比我画得可好多了，我动作太慢总是画不完，每次拖到必须要交作业了，就拿着素描纸跑到你家，两个人趴在地上赶作业。

每每从画室出来，扔了画笔，就骑车到市里图书馆去看书。一起浏览时装画报杂志，或者翻阅厚厚的西方艺术史，一边看书还一边吃热乎乎的蛋挞。

"梅子，你有没有特别想去的地方？"忘了是哪一天，你突然这么问我。

我鼓着腮帮子想了好一会儿："我想去看有雪的山。"说着把书哗啦啦翻了几页："看！"那张图上的山就是日本有名的富士山，这是我后来才知道的。

你郑重地点点头："我会带你去看雪的。"

我心里一下子喜悦起来，于是忙问："那你想去哪里呢？"

"我啊，"你眯眯眼，"想去看海呢。"

初中我们还是在一所学校。你有段时间特别喜欢李荣浩，天天窝在画室里听歌画画。画室在办公楼旁边的科教馆，我每次去找你，总要从教学楼下去，绕一大圈，再爬上科教馆的顶楼。推门进去看见你戴着耳机缩在常坐的位子上，就兀自笑起来。你安静画画，我就在你身后看书。累了就一起下楼买蛋挞，然后回去上晚自习。

那时的每一个黄昏都蘸满了糖，藏在蛋挞里被我们一口一口吃掉，吃完还恋恋不舍地舔一舔嘴巴上的脆渣，仿佛每一天都是最美的时光。

等我们终于到了不同的高中，你的头发已经蓄了很长了，我还是小圆脸和蘑菇头；唯一没变的是你仍在坚持画画，都十几年了。

此时我要去看你已经很难做到。我勉强考上了省重点，学校管理很严，周围都是埋头苦干的怪物级人物。你进了艺术高中，每天画画画画，开心得不行。我生日的时候你寄了很厚一摞画纸过来，每一张都涂满了不同的蓝色，有的是寂静的大海，有的是在日光下折射微蓝光线的雪山，还有一张是我们的小院，天空是雨水初停后的那种高远，两个背对着画面的小孩儿手拉手站在树下，树枝间梅子青蓝。

好在圣诞节很快就到了。我鼓足勇气请了假，跑去看你。你们学校正是艺术节，好多人在兜售圣诞小礼物。你穿了一件麋鹿的衣服，就差头上的一对角了。见到你的那一刻我蹦起来说："哇，应该给你拴上缰绳，套辆雪橇，给圣诞老人当苦力使唤。"

我们小小声地合唱了一遍*Jingle Bells*，唱着唱着就混乱起来，最后变成了"金箍棒，金箍棒，金箍哦嘞棒……"

"平安夜有个男孩子给我弹了吉他。"你眯着眼睛趴在我肩上，用一贯潦草的语气说道。

“所以你……”我张大嘴巴。

“所以我听他弹了吉他。”你笑得很狡黠，“我才不想分心呢，我要好好画画，有一天带你去看雪；然后你陪我去葡萄牙。”

我知道你很喜欢葡萄牙，在别人都嚷着想去美国英国法国的时候，你就一直坚定地说要去葡萄牙。你仿佛是一片没有界限的海，不断把触角延长再延长。直到我看到有人形容葡萄牙说“陆止于此，海始于斯”，才突然有点明白了你对于葡萄牙的向往。那种感觉，也许就像撒哈拉之于三毛一样。

有一次我问你为什么那么喜欢葡萄牙呢？你当时正吃完一只葡式蛋挞，猫儿似的舔着嘴巴，不假思索地说：“因为葡萄牙有蛋挞啊！还有葡萄酒和大海啊！而且，你也会陪我去的嘛！”

说完又自顾自笑起来：“不过我会先陪你去看雪的！”我也一起笑。

以至于我后来读到“终南阴岭秀，积雪浮云端”，总觉得这诗里的雪，就是你说要带我去看的雪；听到历史老师念的葡语诗句，也就立刻想到了你，以及我们的约定。

我总是觉得艺术生嘛，开心画画多轻松啊，想想自己每天生活在一群怪物和成堆作业之中的悲惨，竟忽视了你也会遇到不顺的事实，擅自在心里剥夺了你烦恼、难过和沮丧的权利。你的变化不是没有预兆的，可每次面对你略带疲倦的语气，我却总是在你刚刚准备开口长叙时就掐断了你的话头。

直到有一天你深夜打电话给我，跟我说，想毕业后就去葡萄牙，问我去不去。

我说："去啊，一定去。"

那时候你很难过，我听得出来。我仿佛醍醐灌顶似的从作业带来的头昏脑涨与不耐烦中挣脱出来，可我不知道发生了什么，更不知道该如何安慰。

昨日夜里下了晚自习，回寝的路上看见一个女生挤在汹涌迅疾的人流边上，默默抱着书本蹲下来，把头埋进臂弯里。昏冷发白的灯光里，我逃跑似的从旁边走过，心里惶恐起来。我恐怕是远远未曾体味到你那段时间里的孤苦。我想起你那日倾诉时，我犹豫半晌，却只能回以一个语气坚定却不知来日方向的口头承诺。

梅子和雨时，两个名字分隔两地。如今又该从哪里拾起？

时间匆忙拥挤，而我们交流有限，彼此之间联系更多依靠于一种个人的想象，而这正是美妙却又愚蠢的。可我只要——不是强迫希冀，而是美好祝福的那种要——你在喜怒哀乐里如此活着，你的眉眼是你自己的。

我们还要去葡萄牙的，你背着画架拿着纸笔，我拎着相机抱着诗集，我们从故乡的梅子青时雨出发，揣着富士山的落雪，去赴一场大海的邀约。

我们俩一起，我们一起去。

一 念 之 间

空 欢 喜

安娜苏

若非在黑夜回家的路上听到那支熟悉的旧调，我才不会、不愿想起旧人C，害怕滚烫的泪打湿我纸薄的心扉。

"怀里有你紧拥的温度，眼里有你微笑和痛哭，心里有你说过的故事，梦里你在回家的路。"

上个寒冬的某个深夜，心血来潮的我嚷着要喝青岛生啤，他宠溺地捏捏我的鼻尖，虽有埋怨却还是起身披衣外出购买。独自窝在温暖沙发里的我，听着满屋子温柔的歌声，忽然就体会到黄碧云口中的"爱不过是小恩小惠，但我还是感动了"的含义。

李玟清亮的声音像泉水，情深意切的歌词更撩人心怀，我翻身看到墙上和C一起拍的照片，笑容似蜜糖般温暖。

那晚我们依偎靠着，一边干杯一边聊起了未来渴望的生活，我说想要有毛茸茸的地毯，有张柔软的大床，厨房的锅里要有煮沸的浓汤，喜欢的人就在眼前，只要抬头就能得到一个甜蜜的吻。C说这样的画面真好，如果再有一只可爱的猫咪围在脚边就更棒了。最后喝到微醺，C非要拉着我的手说将来养猫咪的话，它一定要叫CX，因为各取了我们俩的姓氏的首字母。

我受不了这份幼稚，便哈哈大笑，拉过大大的绒毯，盖在他身上，尔后伴着屋里滴滴答答的走针声沉入梦里。

若再给我一些空白，我还能回忆起和C初相见的场景。

因为是同批进入学校广播站，每一次开例会时他都坐在我身侧，平时沉默不语，却总能在每一个关键时刻说出让人惊艳的点子。后来我们被分在同一组播午间新闻，于是每天都会聚在一起准备稿件，他爱随身带着保温杯，时常会在一大段的练习后，给我倒上一杯热气腾腾的花果茶，沁人心脾的香气直叫我开心不已。

于是就这样熟悉起来，习惯了有个人每天打来电话，说着今天又在哪个教室练习，之后去哪间餐馆吃饭。因为知道两个小时后见到对方，所以这一百二十分钟内心境的起伏会达到峰值，巨大的暗涌像浪潮席卷海滩，而我就是那层被你的温柔卷入海水里的细沙。

我们大学所在的城市是我的故乡，所以空闲的周末，我爱带C去爬山，去植物园，去不起眼的小店淘来很多特别的工艺品。他第一次牵我的手，是在那个小小的书店，我们站在两排书架之间，光从漏了一块的窗贴上投射进来，照在他裸露出的脖颈上，空气里是拂动的灰尘，四周全是陈旧的书香。

我因为看到精彩的段落，没忍住大声笑出来，C闻声凑近我，身上清洌的男香清晰可闻。我们的脸颊微微贴近，我甚至能感觉到胸膛的那颗心快要跳出来，怦怦的声音铿锵有力地撞击着。下一秒，捧书的指节被他温柔的大手满满覆住，瞬间天暗下来，而C就是唯一的光。

曾经问过挚友，好的爱情的标准究竟是什么？

她说不是相互缠绕索取，而是并肩看这个落寞的人间，是一切都恰到好处的顺利，是你心甘情愿的付出，且不以回报和物质为转移。那种感觉很难被具体描述，但是就像环环相扣的铁链，咔嗒一声的到位感能被捕捉。

在遇到C之前，在坠入他这汪醉人的佳酿之前我是不信的，总觉得这世间应该没有一个人可以完全懂另一个人，否则就不会有那么多缠绵悱恻的诗句流传。"君问归期未有期，巴山夜雨涨秋池。欲寄纸笺兼尺素，山长水阔至何处。此情无计可消除，才下眉头却上心头。"

你看，字里行间全是细密的思念，即使是跟C日日共处夜夜长谈，我还是觉得离他很远，他偶尔沉思的时候不说话的时候，在阳台接电话眉头紧皱的时候，我都觉得自己对他的了解并没有那么深。面对近在咫尺的毕业季，我甚至都没问过C的打算，每天只顾沉浸在有他相伴的岁月静好里。

那场别离酝酿了多久呢，冰冷的话被他焐在心里多久，才缓慢又沉重地摆在我面前，让我猝不及防地被动接受。

C说家里的意思还是回去工作，毕竟环境熟悉些，也能照顾到他们，所以想了很久，还是决定要走了。

"那我呢？"话一问出口，我就意识到自己的愚笨，若是把我考虑进他的未来，主语一定不是你而是我们。

果然，C转头看着远方，不语了很久后说："你留下吧，我不忍心带你离开，怕你想家想那群朋友，怕给不了你更好的生活。"

我想要的从来都不是安稳，我想去有你的地方，和你永远在一起。

你顾虑重重，你犹豫不已，你坚持认为尚不成熟的肩膀撑不起一片蓝天给我，可你从不相信，我会割舍眼下舒适的一切，跟你去更远的城镇，去到世界尽头。

这些话就堵在我的嗓子里，明明想大声告诉C，可是灰心和沮丧浇灭了我所有的情绪。

冷战在我们之间爆发，甚至到了他走的前一晚，我都还不肯回短信接电话，直到他出发去机场前给我发了一条微信之前，我都强忍着不哭不在意。可屏幕上短短的十四个字，却叫我泣不成声。

匆匆送得佳人去，夜夜白马踏梦船。

以后再也见不到彼此，想念只会跟随到梦里，种种甜美的往昔在此刻都成了最尖锐的利器，狠狠地朝我脆弱的部分扎下来。从前亲密无间的两个人，因了不同发展方向而相隔千里，没有好好坐下说保重说人生何处不相逢，甚至连句再见都未登场。

我受不了内心后悔和遗憾的折磨，便逃一般地收拾行李，去了曾经一起约定旅游的城市，短暂休息几天后就找了份工作，开始一个人的生活。我分不清到底是想向C证明自身能力，还是单纯地想换个环境淡化回忆的伤痛。

但到今晚，到被往事击中的瞬间，到那首一起听过的歌又响起时，我才发现自己最牵挂的仍是记忆中的少年，即使热泪淌满整张脸，仍说不出一句怨他的话。

越成熟，就越会体谅他人的难处，理解一个青涩大男孩儿的心思摇摆。我只是遗憾，没有机会让C见到现在我更好的一面。但没关系，不是所有的伤痛都要呐喊，也不是所有的遗憾都要填满。

这样寒风四起天寒地冻的午夜时分，只是想问问他，如今过上理想的生活了吗，还快乐吗，身边是不是有了新的佳人相伴。

"泪总是一不小心翻涌微笑的脸，突然感觉你没走远。"

夜已深，人已倦，关了灯的房间漆黑一片，我听着千回百转的歌声，簌簌落泪，仿佛还能看到一个与我对面坐着的C，而他一直都未走远。

扫把星和乌龟妹早已成为过去

夏　慕

"等以后我经济独立，我们一起去看她的演唱会。"

2016年1月2日，我在微博上看到王心凌台北小巨蛋演唱会完美落幕的时候，满脑子都是阿山跟我说过的这句话。

我疯狂地搜索关于这场演唱会的一切，然后一个人在宿舍哭得不能自已。

2006年，《微笑pasta》开播，十年后成晓诗世界巡演的首站，何群在台上当演唱会嘉宾为她站台，阿哲学长和雷龙在台下当她的观众。

我哭着拨通阿山的电话。

"十年之后，扫把星和乌龟妹在台北小巨蛋再次同框，你说过你要带我去她的演唱会的，他们都再次同台了为什么我们没有在一起……"

阿山在电话的那头静静地听我发疯，末了他叹了口气跟我说了一段俗气得我压根就不想听的话，"小夏，我们是真的回不去了。我也在微博上看到了她演唱会的新闻，但是你要知道，即使乌龟妹和扫把星再次同台，他们都不是真的，你别忘了，王心凌的正牌男友就坐在台下。"

你说我是你的乌龟妹，你是我的扫把星

2006年，一部《微笑pasta》引发全班同学的追剧狂潮，感觉第二天上学说不上昨晚的剧情发展就像是被大家丢弃了一样。

而恰好是那一年，我悄悄地喜欢着同班的阿山。年少的自己羞涩得连表达也不得章法，只是跟小时候一样像个跟屁虫跟着他，常常跟他说电视剧的男主角好帅，弹吉他的模样谁都比不上。

那一天上语文课的时候，有人悄悄给我递来一张小纸条，上面写着"小夏，让我做你的扫把星，你当我的乌龟妹，让我给你唱《小乌龟》"。

最感动的不是有人给自己说这样的话，而是写字的那个人刚好是你喜欢的人。

你说从此以后有了软肋，有了许多粉红的秘密

那一年的生日，爸妈送给我一个带锁的日记本。满脑子都是阿山的我理所当然地在第二天就屁颠屁颠地把其中一把钥匙郑重地交给他。

班上的同学都受不了我们每天上课在日记本上写悄悄话然后传来传去的行为，可是又会迫于我这个挂名班长的威严而乖乖去当我们的传递员。

拙劣的技法逃不过老师的火眼金睛，但是老师又偏爱我们这两个得意门生，便也睁一只眼闭一只眼。美丽的班主任每次课后都会调侃我们的关系，完全没有批评的念头。到如今，我依然保留着那个日记本，我依然记得他在里面写过我是他的软肋，这是我们的粉红秘密。但是我早就没有了打开来再看一眼的勇气。

里面的甜言蜜语，是时光的秘密，是岁月的蜜酿，可是它们早已蒙上了灰。

你说那是对的时间，我们也是对的人

父母相识并且交好，所以我们从小玩到大，也算称得起青梅竹马的称号。也是因为如此，我们肩并肩去玩也没有人说过我们什么，一切都顺利得让人难以置信。

我们一起做作业的时候，我总爱嘻嘻哈哈闹个不停，让他做不了作业听我唠唠叨叨碎碎念。阿山最后总会把他的作业推给我，还跟我说："是你让我完成不了作业的，你来写完。"

为了帮他写作业我还特意练了他的字，之后得意扬扬地跟他邀功。

"看，我多用心，快表扬我！"跟他的关系明朗后我才被迫重拾早已被我丢到了太平洋的晨跑，他每天跑来等我拖拖拉拉准备好再出门。

阿山总是跟我说："还真是乌龟妹啊，赶紧跑起来。"

可是我总爱死皮赖脸地说我跑不动了，让他拉着我跑。

阿山每次都抱怨受不了我，却又每次认命地拉着我跑。

他说："这是对的时间，我们是对的人。"

你说过只给我唱《小乌龟》的

升学是件最令人伤心的事情之一，因为我们不再会同班。

我要为继续当班长努力跟同学搞好关系，他要积极认识新同学组建篮球队。

每天忙忙碌碌又不知道到底在忙什么，忙到给彼此的时间只剩下周末。周末是最愉快的时光，一起逛超市，他听我说以后家里要如何如何摆设，即使只是在球场上给他递水的时光也像裹了蜜糖。

可是，我从未想过，这些都只是裹了糖衣的药丸，最终都是苦涩无比的。

我记得他跟我说他只会给我唱《小乌龟》，他会带我去她的演唱会。

但是为什么我会看见他给别的女生送带锁的日记本呢？

我歇斯底里地抓住阿山的袖子喊："告诉我这都不是真的。"

只是下一刻我便从他的行为看出所有都是真的，我不相信只是我自欺欺人。

因为那个明眸皓齿只会对着我笑的阿山不再是自信满满的样子，而是像小时候带我去玩却带着全身湿透的我回去站在我爸妈面前低下头的模样。

"我不想看到你一脸愧疚的样子，你走啊走啊！"

我喜欢的他是在人前唱完《加州旅馆》后面对如雷贯耳的掌声都不会脸红，可是他却把我的信仰一点点摧毁。

我抱着日记本在床上哭到累得睡着，怀着义无反顾的决心。

原来不再有交集是这么简单。

如同电视剧热潮散去就没人再记得扫把星和乌龟妹，我们的关系也敌不过一部电视剧的时间。

2016年初，我疯狂刷王心凌演唱会的信息时，不可抑制地想起我们的曾经，我以为我们也能回到从前。

可是在那部电视剧结束的时候，我们的故事就已经结束了。

后来我把他们微博关注的人都翻遍，发现扫把星和乌龟妹并没有互关。

阿山说得对，正如台下的人才是乌龟妹的扫把星，我们早已成为过去。

但是，我们还是没有去她的演唱会。

我们能不能以朋友的名义一起去她的演唱会？

顾沉没有家

小　小

　　顾沉穿着海绵宝宝睡衣坐在沙发上，电视里的海绵宝宝正和派大星约定出去玩，两个好朋友傻笑的样子逗得她张不开眼。她手里捧着两杯刚买回来的草莓味奶茶，凉凉的触感让她的燥热消减不少，她迫不及待地吸上一口奶茶，成团的珍珠却突地卡进喉咙。顾沉呛了好一阵儿。果味奶茶顺着食道流入胃中，腹痛的感觉更加明显，但顾沉依然不管不顾地喝完两大杯奶茶。

　　顾沉很固执，只买海绵宝宝睡衣，只喝草莓味奶茶，明明身体难受还喝冷饮，她就是这样。

　　顾沉睡醒的时候已经是傍晚，脑袋如天色般昏昏沉沉。她习惯地开灯，去厨房拿囤好的方便面，倒入煮好的热水。房子里着实安静，只有细细的水流声。顾沉特意慢慢地把水注入方便面，扬起的水汽蒙住她的眼睛，方便面竟然变成了许久没见的家常菜，她多久没好好地吃上一顿饭了？

"啊！"顾沉被自己的尖叫声吓到了，才发现双脚被溢出的热水烫得通红。她果断放下水壶，光脚到浴室用凉水冲洗伤处，感觉好了些又连忙到客厅收拾残局，整个过程很快。尽管脚背火辣辣的，除了初始不可抑制地尖叫，顾沉没哼过半声。倒不是她多么坚强、自立，只是边上没人，矫情给谁看呢？

顾沉开着电视，不停地换台，始终找不到想看的节目。十点多的时候她妈妈回来了，身着正装，眉目难掩疲惫。妈妈是典型的都市女强人，工作忙时在公司过夜也是常有的，管理顾沉的时间自然少了。

"你这孩子，这么晚了还不睡觉。"她瞄见垃圾桶里的纸盒又说，"又吃方便面了吧？暑假让你到外婆家住一阵又不乐意。"她的语气不无嗔怪。

顾沉没和母亲辩驳，她安安静静地回房间，脚被烫伤了走得很慢。她怎能不想念总是笑眯眯地为她准备一大桌饭菜的外婆呢？只是怕去了就舍不得回到这个冷冷清清的家。

迷迷糊糊间顾沉感觉有人轻轻地给她的脚背上药，她睁开眼时借着月光只看到脚上亮晶晶的一层。

半夜的时候顾沉的胃疼得厉害，全身冷汗连连，不得已才出去找药，却惊醒了妈妈。

"大半夜的你干吗呢？"白天的工作已让她十分疲倦，语气不禁有些冲。

"没事，你继续睡吧。"顾沉懒懒地答道，手上的药箱和额上的薄汗出卖了她。

"怎么了？哪不舒服？妈和你去医院。"到底是自己的女儿，顾沉妈妈不免紧张。

顾沉虽倔，但难受的是自己，再不情愿也收拾着去了医院。挂的急诊，医生说是肠胃炎。

"奶茶、炸鸡吃多了吧？三餐不定时，让你到外婆家好吃好住的不肯，非得这么折腾自己。"挂上盐水，顾沉妈妈立刻唠叨起来。

"你自己还不是喝水一样喝咖啡？你给我煮饭啊？"

妈妈默然噤声，她知道哪怕物质再丰厚，还是她亏欠了顾沉。

顾沉侧过脸来装睡，不知不觉真睡着了。梦里她回到八岁那年，穿着粉红色的公主裙，爸爸带她去游乐园，玩了一圈后还给她买了草莓奶茶。画风突然一转，爸爸牵着别的小孩儿走了，任凭她怎么叫也不回头。

顾沉睡醒时眼睛湿湿的。这些年她一直很文静，不过是因为她不知道该怎么和别人交流。她喜欢海绵宝宝，因为他有派大星。而她只是顾沉啊！顾沉不是不懂妈妈的苦，一个女人带着孩子必须付出更多的努力，只是她太孤独了。

回家后妈妈难得没去上班，为她熬了清淡的粥，顾沉透过袅袅的烟气呆呆地看着妈妈操劳的身影。也许，妈妈不是不爱她，妈妈只是太忙了。

我们来聊聊他吧

许安然

自从他看到我在朋友圈里面说有一篇稿子在杂志上刊登之后便一直让我把文章发给他看看。他好像特别想看看我笔下的文章会是什么样的，我担任过文学社的负责人，写过的文章发表在校刊上，只是从未给他看过。我怕他把我里面写的故事当真。

关于那篇稿子他问了我两次让我给他看，我都推托还没收到样刊，我也没有过稿。国庆回家路过报刊亭随手买了《中学生博览》2015年9C的杂志，看完后就放在了房间没有带走。离开后的第二天他再次发信息问我《中学生博览》哪一本里面有我的文章，他说："我看看好吗？"这样的语气让我一点儿都没办法再拒绝，只能告诉他是在9C的那本杂志，但是只是一个小短文不在正版面上而是在旁边的小框框里，不一定能找到，标题是"缘起缘相似"。

我能想象那一天他一定会一页页地看，直到在里面找到我那篇文章为止。

我们终究是有隔阂代沟的，在我们这个年纪偶尔多愁善感一下写一些与感情相关的故事，不管是真是假他们都会当真。只是他还是执着地要看我笔下的故事，大概或许这样就能多了解我一点儿，见面或是打电话的时候就能多一些话题。

我写过很多故事，只是都没写过他——用很多想说却不知道如何去编织的语言来描述跟他的点点滴滴。今天我只是突然很想他，想聊聊我这个爸爸是怎样的一个人。

我是老大，我有两个双胞胎弟弟。

我们在一个小山村，交通不便，当年我妈一个八十斤左右的小女人怀着三个孩子我现在想想都会觉得辛苦，早产了几个月，要生的时候因为交通问题加上医疗等各方面的问题最后出来的小妹还是走了。三个人都只有两斤多一点点，表弟看了之后回去跟大家描述说母猪生的崽都比他们大。小妹走了之后大家都觉得剩下两个估计也养不活，劝我爸放弃吧。他把所有人骂走，开始全力地对我妈对他们俩悉心照顾。我弟不会明白那时候的感受，我所说的和那些大人描述的不过是风轻云淡地说着往事，其中的艰辛只有他和妈妈最能体会到。

原本一个孩子，变成三个小孩，我们三个从小都体弱多病，现在回想起我们的小时候，多数是轮番在他自行车上坐着去医院或是在家被灌药。

一个女儿，两个儿子，虽然幸福却也给他们增加了很大的经济压力，他出去打工过，后来想起家里的小孩儿不能没有人管便又回来守着一亩三分地每天日出而作日落而息。收入微薄，但是从没委屈过我们没有饿过我们，如今四十几的他已经满头白发。他的大半辈子都是在为我们付出。初中那会儿读书不好考上好一点儿的高中没什么指望，填志愿的时候他思索再三让我把自费择校给填上，他说一定要读高中。自费择校分数线低，但是要多交九千元的费用，那是一个对我们来说特别庞大的数字，在他的坚持下我还是填了，没有意外，真的被招了进去。

那一年他多种了很多烟草和水稻，也就那时候把他累得患上腰椎间盘突出，爬都爬不起来。我欠他的比任何人都多，只是他从没要我回报什么，即使到现在我能自己赚钱了他也不收我半点寄给他的生活费。他说，养好自己就好了，家里不用你操心。

喝多的时候他会唠叨说上辈子欠我们的，我们体弱多病，我妈也是。

我妈生我弟弟的时候没有坐好月子就下地干活然后有了风湿病，手关节已经变形得不成样，常年都靠吃药止痛。每年的医药费一万左右。以前他喝多的时候会跟我说要不是我妈这样他早就能买一辆小车能把房子都装修好了。我们听了都会特别不舒服，所以只要他喝多我都不待在他身边，我怕跟他吵架。

　　只是后来才明白，他也就在喝多的时候这样说说，他一个人撑起这个家那么久也会累也需要发泄，他也就只是这样说说却也从没真的嫌弃过他这个老婆。

　　印象里他们吵过，打过，严重到我都以为他们不会和好了，却总能在第二天看到他们继续有说有笑地出现在我的面前。他有段时间迷上了打麻将，一有空就往那儿跑很晚才回来，为这个他们夫妻俩没少吵架。我不知道他是怎么想通的，只是有天告诉我们他戒赌了再也不打了，此后真的没见他去碰过麻将，村里都觉得不可思议，那个嗜赌成性的他怎么能说戒就真的戒掉了。

　　前段时间，我妈一直在家让我觉得奇怪。这两年我弟弟也长大了有我照顾她也就出去市区做点事儿，这次在家待了那么久有点儿反常，追问下才知道我妈去医院检查子宫里有些问题，已经在进一步检查中只是结果还要一周才能出来。他们就这样一直担心地等待，又不敢告诉我们。那些天打电话回去问情况，看了检查报告，我说："放宽心，没事儿的！这个问题不大，大不了咱们不要子宫了，反正已经有了我们三个小孩。"他说："只希望人没事就好，动个小手术也没关系只要不是恶性的怎么样都好。"我跟他开口解释那些检查报告的时候发现他知道的懂得的比我还多，俨然半个医生，拗口的医用术语也记得一清二楚，他说他都问好了，他说就是怕。

那时候我觉得他是真的害怕我妈有事儿，他一直跟我说多安慰你妈她最近都睡不着。他一直很依赖她，我妈出门的时候都是一天一个电话打给她聊聊家常。

所幸最后进一步的检查结果出来并无大碍，只需要调养就好，他发信息给我的时候我能听见到他心里的石头落下的声音。

说起他好像也会觉得有聊不完的事儿，我想参与他的生活，陪他变老。希望自己能让他依赖，能让他不再那么辛苦，弟弟说等他们俩毕业就让父母别再工作，安心在家养老或者出来陪在我们身边也行。

我想或许有一天他会在杂志上看见他女儿写的关于他的点点滴滴，我只想告诉他——爸爸，我很爱你和妈妈。

你最珍贵，你别皱眉

郁　笙

有一件小事儿。

就这样不知不觉，竟记了很多年。

人都是在相处时的细枝末节里收获到细微的感动和体贴，才足以让彼此之间如水干净的情谊长长久久地留下来。

回忆的老相册已经很久没翻开了——除了总是在夜深人静时拿出来翻翻，给自己苦中作乐的力量。其余好的一两件压箱底，但你却总是最好的。

记得是那年十一月，泛黄的秋。我遭遇了突来的嘲笑和不容置疑的否定。老套的桥段在我身上发生了，被排挤、被忽视。

心里难过的是外人所说真真切切，还有泪可流。多愁善感又嘴笨迟钝的我，竟无法反驳。各位看官，请原谅一个未长成女孩儿的怯弱和无助吧，在那一瞬间，我是有过将手中的笔丢开的念头，使全身的尖刺都竖起来。

你很担心我的状态。写的纸条经过了整整一排人的手中，才来到我手上。展开在我面前的，是一句句很诚恳却也可见苍白的安慰，实在不够漂亮婉转。

小荷才露尖尖角，我便知你优秀，人山人海，你又知道我多少。这就好比针扎不到别人身上，就不知道处境有多难以忍受。就算是那般亲密如闺中姐妹的你，也不想让你看见我此时毫不掩饰的低落情绪。

故意不想面对你，躲在一个没有人的角落里等待眼泪流尽，阴霾散去后才磨磨蹭蹭地走上回家的路。那时已是眼睛酸疼得不行，却又怎么在看到街头路灯下徘徊等待的你时，视线一片模糊。

像个孩子般朝你撒气，内心不为人知的委屈和自责，也只有你能够如此安静，有足够的耐心听我断断续续地倾诉了。

你真是一个很好的倾听者。一如既往好脾气地迁就我，也不说话，只是沉默地听着，偶尔拿出纸巾来给我擦不断掉下来的眼泪，拍拍我的肩膀借以表达你没有说出口的安慰。

末了，你才开口说："这有什么关系，就算是全世界都觉得你不好，回头看看我啊，又会有新的温暖和力量支撑着你走下去了。"犹记得当时你声音轻浅如羽毛，语气却坚定如磐石。

怎知我听了却哭得更急，忍不住的。到现在我还不好意思承认，那是被感动得情深，才哭得这样狠。

看过一句话。当时感觉朦朦胧胧，至今方才觉得好。书里说，好像你千般努力万般使劲地想要证明给一万个人看，到头来却只有一个人懂，那就足够了。就像那天晚上，你可能只是觉得回家的路太黑太长才会等我一起走，又或许是来日方长的等待习惯了感觉有陪伴才觉得安心。但无论如何不能否认的是，因为这句话，我才算是真正打开久闭沉闷的心门，诚挚地邀你住进去。

我并不是自诩我在这万人中央四海潮生里有多么与众不同，我有你就好，已足够骄傲。从此我就知道，什么事都不必怕的，因为总有一天都会过去，我们终将释怀。而你教会我的，是唯有努力才能让这一天早些到来。

你是丝绸，是清泉，是书籍，是蜜糖。是四月亭亭玉立的蔷薇，是九月露天清澈的秋水。是这世间最美好的存在。

你给我的温暖，足够温暖这个凉薄的青春。

你陪伴我走过的岁月，足够我铭记一生。

你说，当你看到这些字的时候会如当时的我一样泪流满面吗？但不管怎样，从前到现在，现在到未来，我唯一可以确定的是，你不会离开。

有一个可以一起走回家的朋友，我想是久违的幸福，终于抱住了我。

一 念 之 间

张牧青

第一次见到王佳佳，是在父亲的同学聚会上。

彼时的我不善言辞，躲在父亲的身后，偶尔探出头来看看周围陌生的面孔。当那些陌生的手抚摸我的头，夸我安静时，我也只是腼腆地笑。而穿着公主裙的王佳佳，走到哪里都是众人瞩目的焦点。她不慌不忙地背唐诗，跳带着稚气的火热拉丁。直到现在，我依旧很羡慕她，羡慕她的落落大方，能说会道。

或许是巧合，我和王佳佳成了同班同学，还是同桌。小学时候的她，就显示出了非凡的交际能力，在哪里都是话题的中心。学校的运动会上，她是最美丽的啦啦队成员；文艺会演中，她是独挑大梁的积极分子；钢琴比赛上，她又是高贵无比的公主。就是这样一个多才多艺、几乎完美的学生，却喜欢整天和我黏在一起。

哦，忘了介绍我自己。我是A校B班第C排第D号座位上的小E。我和许多高中女生都一样，中规中矩地穿校服，剪短发，一丝不苟地完成作业，竭尽全力地应付考试。唯一和她们不同的是，我的闺密是王佳佳，那个在学校各种场合叱咤风云的王佳佳。

　　谁都不知道为什么王佳佳那么喜欢黏着我，我也不知道。时间长了，我有点儿反感。可是，每当她用甜腻的语气让我帮她时，我又不忍心拒绝。

　　"小E，真好喝啊！"

　　"对……"

　　"小E，你看那个女生，好夸张哦！"

　　"嗯嗯。是蛮夸张的。"

　　"小E，你帮我抄笔记吧。你一定会答应的，对吧。"

　　"那……那好吧。"

　　"小E，你今天穿的衣服好土啊，别说你认识我。"

　　"是吗，呵呵，我也觉得不太好。"

　　"小E……"

　　我回答着她。她显然露出安妥的表情，歪一点儿脑袋："是吧，你也这么觉得哦。"她紧握我的手，借此表达在她看来我们之间坚不可摧的友情。

　　然而实际上，我心里想说的其实是"我觉得太甜了""我觉得她很正常""我不想帮你抄""我觉得我的

一念之间

衣服很不错"。

我一直都想说"不""没有""不对"，可我从来没有开过口。我的话就像鸿毛，纷纷扬扬地落下，却没有人感受得到。

每天，我都强颜欢笑地面对她的所有问题。她也总是带着甜美的微笑问我那些必然是肯定答案的问题。

而讨厌就像发酵的葡萄酒，开始散发出浓重的气味。每天的饭桌上，父亲总会说："你看看人家王佳佳，琴棋书画样样精通，你也要多学学，别老是发呆。"我端着碗，嘴里塞着一口饭，却不知该如何吞下去。淀粉的甜味在嘴里弥漫，我却觉得是阵阵腥味。就像王佳佳一样，令人讨厌，却不得不咽下她的好。

时间一天一天地过去，很快，就到了王佳佳的生日。一下课，她就兴奋地抓住我的手臂，"小E，你一定要来参加我的生日聚会哦。还有，别忘了给我带礼物。"我勉强笑笑，抽出被她握出汗的手，"我会来的。"

那天下午，我一个人在大街上闲逛。夏日的午后，只有寥寥无几的知了在树上无力地鸣叫。走进一家饰品店，一阵冷风迎面而来，吹散了潮腻的感觉。我来来回回地看着，希望尽快找到一件合适的礼物。就在我这么想的时候，我看到了一只泰迪熊。柔软的毛，大大的眼睛，还有一件花衬衫。我毫不犹豫地买了下来，心想，王佳佳应该会喜欢的。

经过一番烈日的烧烤，我终于到了她家门口。她家的别墅很大，红色的墙砖在太阳下显得格外耀眼。刚按下门铃，她的母亲就开了门，看到是我，不禁喜笑颜开。"佳佳啊，小E来了。"

"真的吗？"王佳佳兴奋地跑出来，穿着粉色的公主裙。我跟着她进了她的卧室。她的卧室很洋气，公主特有的粉红色墙纸，还有半人高的玩偶。看着那些巨大的玩偶，我不禁捏了捏自己手中的泰迪熊，根本就是相形见绌。

"小E，那是我的生日礼物吗？"她指着那个纸盒子。我下意识地摇头，"不……不是，这是买给我妹妹的玩具。"

"那我的生日礼物呢？"王佳佳有些生气地看着我。

"我，我忘记买了。"说这话时，我感到自己仿佛是脸部充血，透过穿衣镜，我看到自己像是一个当场被抓的小偷。

王佳佳不曾想到，我会忘记买礼物。"你怎么说话不算话啊。"

我们陷入可怕的冷场。

当天的晚会很热闹，我却一直坐在角落，格格不入。

或许是王佳佳的自尊心作祟，从那以后，她不再理我，而我也不想再让她黏着我，我和她渐行渐远。而QQ名单里，"王佳佳"也成了最底层的"陌生人"。

后来，我常常会想起，如果我那天把礼物给了她，她又会有怎么样的反应呢？一念之间，获得的也许是截然相反的效果。

当时的自己有多幼稚，也只能由自己评判。或许是我的错，可是，我知道，一切都回不去了。像无法挽回的幻想，被视线所及的天空束缚。

也许，我们再无交集，这个世界，再也没有另一个她。

初春始于风，成长始于你

赤道太热，需要北极来降温

杨欣妍

1

小时候看过一篇让我心惊肉跳的故事，有个女孩儿因为妈妈总是说她笨得跟猪一样，就真的变成了一只又黑又丑的长毛猪。

我总觉得这个故事在说，小孩子长成什么样子，真的与大人有关。

2

总有人说我身上有种亲和力，让人忍不住想说自己的心里话，但我妈总说："你怎么那么不会为别人着想，真自私。"

于是我想起一件事，发觉自己不过是潜意识里以牙还牙。

我从小就特别内向，但五岁的某一天，她一大早让我去买盐。

那时候买东西要去三楼平台的一处住家，但需要使劲儿摇晃铁栏杆，再铆足了劲大叫。

我哭了，凭什么我平日里要自己去超市站在收银台当面付钱都不准，却非要让我现在扯着嗓子大叫，而她轻描淡写："这是在锻炼你。"

我清楚地记得，那天我使劲儿推了栏杆，尽我所能张大嘴叫了声买盐却没人理我，我哭着跑回家，我妈又把我推出了门。

我折腾到别户人家都飘来了佳肴的味道，突然大吼了一声买盐，脑海中一片眩晕。

后来我拿着盐沉默着回家，我妈笑了，"不是不敢买吗？"可这一大步她逼我跨得太疼了。

这样的事情数也数不清，她总给我买很贵的东西，转过身却说："我不计较为你花钱，你为什么就不能听话按最好的方式长大？"

她只会逼着我做她觉得最好的事，从不顾忌我的感受，我们无尽的争吵让我对家产生了恐惧。

3

小学时我比现在更爱面子，有天同学间聊起零花钱，我迟疑了，说了谎，因为我根本没有。

那时我每天要做的，就是把私藏的压岁钱藏在书壳夹层，把竖笛掰开塞进去，因为我妈会每天搜我的书包。但后来还是被一个接小孩儿的家长告了状，我妈当街踹我，叉着腰站在街上大声数落："你要的东西只要是有用的我什么没给你买？你要钱干什么？"我无地自容到了极点。

我想和同学一样看课外书，吃辣条，买新出的动画片周边产品，可那些在她眼里都是不务正业。

直到初中，我经历了无数次因为偷偷花钱被赶出家门或当街侮辱，我写满字的本子被她撕碎时我逼自己要快点赚钱，早一点儿远走高飞。

那几年是黑暗的，逃离家的想法已经破茧成蝶，再也无法挽救。

4

是的，直到长大后有了自己的生活，对过往释然，仍和妈妈不能亲近，因为她不会享受生活。

最后一次和她旅行是去云南，跟着脚步我总爱发一些说说，在我兴致勃勃地发关于路边卖花姑娘的事情时，我妈突然愤怒了："你来这就是玩手机的吗？"

我们当着她朋友的面打架了，远行的第一晚，我十五岁，她差点儿把我推出旅店的门。

再往后的几天，她除了抱怨玩得没意思，还和酒店服务员因为自己看错了菜单吵了一架，弄得我尽兴而来，败兴而归。

更不用说每每出门散步，最后都不欢而散。

5

后来我就长成了现在这个样子，不像我妈期望的那样爱回家，生分得甚至与他们把钱划清。

而这大概是因为我妈是赤道而我是北极吧，一开始想为她降温，却不小心跑到了最偏的地方，就像她曾一边羡慕别人母亲节收到的花，一边忽略我的电话与短信，让我送的礼物带着那份惊喜与期盼落空。

初春始于风，成长始于你

初春始于风，成长始于你

羽　蒙

　　若是问我妈的教育理念是啥，她肯定会说："类似养猪吧，管饱。"从小到大，除了供我吃穿和读书，其他方面她都大胆放手，让我如同一只脱单的小鸭子兀自在布满碎石和荆棘的路途中跌跌撞撞。

　　念小学的第一天，放学时分其他小朋友都有爸妈来接，只有我一个人等到日落西山，才独自背起书包哭到家门口。我抽抽搭搭地问我妈："你为什么不来学校接我？"

　　她说："前几天带你去过学校交学费，你不是认识路了嘛。咦，难道你是路痴？"

　　同龄的小孩哇哇大哭是我最羡慕的一件事情，因为他们不管是被欺负、骑脚踏车摔伤，还是被老师骂，只要张嘴打雷下雨就会有大人来哄来扶来心疼。无福消受亲亲抱抱举高高的我早早学会乖乖爬起来，拍拍身上的尘土，给自己的伤口找一片创可贴。

于是我成了别人家的孩子，坚强独立有主见，面对突如其来的事情也波澜不惊、理智果断。

上中学后，因为太有主见我提前步入叛逆期，那时候怎么看父母就怎么不爽："你看看×××的爸妈，白手起家开了个公司，年底又给家里添了一辆车，而你们是怎么做生意的？开个店都能开倒闭，投资前不知道先预测市场吗？"大概十几岁年纪就敢趾高气扬地拿别人父母对自己亲爹亲娘说教的也没谁了，神奇的是，我居然没有挨上两个耳刮子。

我按照自己的想法考上重点高中，选了理科，规划大学与专业。我读了很多书，走很远的路去见识世界，朝着心之所向尝试写稿，靠打兼职买自己想要的一切。而单枪匹马闯荡世界的这些年，都没有父母做路标，甚至所有选择他们都不曾过问。我依旧把嘲笑戴在脸上，经常把看不起挂在嘴边，对他们的生活指指点点。两代人之间隔着暴躁、争吵、不耐烦的鸿沟。明明我看起来成熟知性、风光无限，可为什么心里越来越凉薄，好似一路披荆斩棘、跋山涉水，最终却在荒凉的终点迷了路。

有天晚上窝在客厅沙发玩手机，不知不觉睡着了。半夜被热醒，迷糊间听见窸窸窣窣的声音，只见一抹模糊的人影把吹偏的风扇调整了位置，于是朝着我这个方向吹来的，是一片饱满而暖凉的风。那天晚上我叫住了妈妈，我们肩并肩坐在一起聊天。我告诉她，真正的爱都是不经意的，你们对我的感情我都能懂，可我不明白，这么多年为什么都让我独自成长？

她说："我和你爸文化不高，没见过什么大世面，其实心里一直挺自卑的，真不知道该怎么引导你的人生。好在我们的女儿很争气，靠着自己越飞越高。真的，过程不重要，重要的是，你是我们的骄傲啊。再说了，只要线还在手里，风筝飞得再高还是得回家的，所以，你勇敢地去长大吧。"

第二次生病了，需要喝药水

老 K

1

我妈是个很酷的女人。黄色短发，瘦，轻微洁癖，一张嘴皮子天下无敌，有的是把我爸气出心脏病的本事。

然而最在乎我爸身体的也是她，一回家就熬药汤，端到我爸跟前，含情脉脉地看着我爸喝下去，站在旁边说些俏皮的刻薄话——然而这种温情画面无法维持到第三天——我爸发自内心讨厌喝补汤，我也是。第三天什么情况呢，桌子上一碗鸡汤腾腾冒着热气，我爸戴着黑框眼镜看着报纸，我妈先是温柔相劝，接着恶语相向，最后歇斯底里地控诉自己对这个家庭的付出。

没错，我就是生长在那种能由一碗鸡汤引发一场血案的家庭里。

都说男人只会成熟，不会长大。我对这句话深以为然。我爸喜欢喝茶，喜欢买彩票，不喜欢很多他的身体需要的食物。好几次我妈上个厕所回来看到桌子上已经空了的碗，都会运用一切技巧多方试探我爸到底是把汤喝了还是倒了。每一次我妈离开家飞去另一个城市工作，我爸都会拜托我帮忙找他深爱的茶壶——因为他贫血不能喝太多茶，我妈便把他的茶壶藏起来了。我练得一身翻箱倒柜爬床底的硬本领。

我妈向来简单粗暴。我三年级时丧心病狂地迷上芭比娃娃，剪了她的裙子给娃娃缝衣服，她二话不说把我的一切工具藏起来任我怎么哭着在地上打滚——这是她的老招数了。

我有段时间审美觉醒再也不肯去剪短发，第二天起来发现自己头部中央被剪了一撮——最后我哭着跟她去了发廊。我在朋友家玩得不想回家的时候，她会敲敲我朋友房间的窗，对我神秘地眨着眼睛，对我说："出来一下，妈妈有句话要跟你说。"小孩子的好奇心害死人呐，我每次都会上当，因为她每次的借口都准确地戳中我的软肋。

就这样跟她斗智斗勇地长大，我变成了一个生硬又狡猾的少女，每次吃完饭猜拳都能避免洗碗的命运。

即使我讨厌她的方式，也不得不承认，她总是有办法做到她想做的事。很恐怖的是，我也渐渐变成这样的人。

多年来母女关系变成一场战争，你可以想象两个被捆绑在一起的人要抵达不同目的地是如何撕扯挣扎。

可能像我们这些普通人的通病就是，死倔。一家人都有毛病，我爸受不了我妈的啰唆和我的邋遢，我妈受不了我爸的固执和我的反骨。我呢？早就受够他们两口子了。

通常是这样，我爸以嘶吼的方式叫我下去吃饭，我妈还在房间睡觉，我爸压低声音对我说："去叫那个八婆起来吃饭。"我走进房间，客厅里传来我爸的嘶吼，"不要叫她，我没有煮她那份儿！"在大年初一也能吵得鸡飞狗跳，再温暖的鸡汤也无法让我们其乐融融。看过很多好听的废话，教我们如何经营一个幸福的家庭，其实再简单不过，你乖一点儿妈妈就会开心一点儿，你连乖一点儿都做不到，活该糟心一点儿。

我尝试过很多次，然后放弃，承认自己的自私，为了保全那点自我。真实人生就是这样，我们无法脱离自己的皮肤进入其他人的身躯达成共解。我爸至死都爱喝茶，穷死也要买马报，再不会有什么峰回路转的情节，让我们热泪盈眶拥抱彼此，说过去的一切都是误会一场。

只是记得一件小事。

那天玩耍回来，看到老爸老妈坐在一起看粤剧，我爸手舞足蹈给我妈讲着荆轲刺秦王的典故。饮食男女的残余天真，人间烟火的粗糙陪伴，疲惫生活的激情幻象。

我踮着脚尖走过去，生怕打破了什么东西。

2

博友圈都在转发一篇求助日志，一个写手的爸爸生了很严重的病。为什么有那么多病动辄需要上百万治疗费呢？如果是我的爸爸呢？我不敢想象。

记得初中的一个傍晚，我骑着自行车回到家，还哼着流行歌，邻居看到我问："你怎么不去看你妈？"我说："我妈回来了啊？"

"你不知道？"

"不知道什么？"

她表情复杂，叫我去阿群家。阿群叫我去找我二奶。走在路上，每一步似乎都踩空，那种真真切切的恐怖。那天晚上，二奶叮嘱了我很多事情，包括问我妈的银行卡密码。

在医院里我妈拉着我的手说："你别怕，如果检查出来是什么大病我立马跳楼，绝不拖累你们。"

我们都是这样的人。

一直以来我都觉得她是一个有点自私的人，是自己人就掏心掏肺，是外人就绝对审时度势。我也向来没心没肺，对很多日常惯例无法感同身受。

看得再清楚，也无法抵抗某个晚上你回到一个空无一人的家，你邻居怪异的眼神，你三姑沉重的语气，你六婆稳住大局的操控。

是不是只有赚了很多很多钱，才不会对很多事情无能为力。

从她好了到现在，我还是跟她吵了无数次架。其实心里有些阴影，不知道哪天坏消息又轰然而至。我本性悲观，觉得如果以死为前提去设置该怎么活那就根本没必要活。即使不知道她哪天会突然离开，也无法隐藏性子和谐相处。但当时当刻的痛彻心扉又是如此真实。

这一次，我多么希望看到转机。我深知这世界每时每刻都有坏事在发生，那么多不幸，谁都帮不过来。你不知道帮了会不会产生作用，总是会有什么事情提醒你自己到底有多渺小，原来人在最黑暗的时候真的那么需要有人坚定地告诉你，一切都会好起来。人已经如此渺小，为什么还要纵容自己的脆弱。

我明白在很大的痛苦映衬下小痛也会痛，但第一次生病了寻找安慰，第二次生病就应该去喝药水。

即使一切不会好起来，此时此刻，难道我们不应该做出忠于内心的选择吗？

这一次，我刚好看到，恰巧感同，但我不敢说身受。

初春始于风，成长始于你

那个一直走运的光芒少年

夏南年

Y是我的高中同学，天生拥有有趣的灵魂外加一副好看的皮囊，每次看他的最近动态就像坐过山车，幸运得让我从羡慕直接腾空成了刺激。

高中时我妈总是因为一些小事跟我吵得天翻地覆，而Y即便拿着不及格的月考卷子回家，换来的也是他妈妈一句温柔的："下次努力就好，陪我去把花栽了吧。"

有次班主任收走Y的手机又捉到他在课上和同桌眉飞色舞地聊天，忍无可忍叫来了他爸，Y不是本地人，父母赶来的心情可想而知。

班主任把Y揪去办公室后我们都觉得他完蛋了，半小时后Y却笑着回来了，"我爸要回了我的手机，拍拍我的肩让我照顾好自己，哈哈哈"。

相处久了才发觉，Y的父母是真的把先育人再看成绩这样其他家长不屑一顾的话当作真理，同时也给了他绝对的信任和平等。在渴望与父母和解却做不到的我眼里，他最幸运。

高三下半学期所有老师都对后排开启了不管模式，除了班主任。有一天她拿来一套试卷，"三十道选择错超过五道以后上课就站着上。"

对于睡眠本就严重不足的我们来说能坐着上课真的很重要，那天Y写完前五题时，班主任瞟了一眼他的试卷，"五题就错三题。"于是后面的课只有Y坐着，他无辜地说："我怎么知道我后面蒙的题只错了两道，哈哈哈。"

这是Y唯一考好的一场试。

后来我和Y去了同一家机构学编导，校长第一次见过我说还不错，至少我知道自己想做什么；见过Y之后高兴得不行，想拉他去学表演，Y不喜欢，干净利落地拒绝了。最难过的，是你渴望的，正好是别人不屑的。

我不知道Y有没有后悔过没早一点儿去学表演，临近艺考时，Y转到表演班尝鲜，几天后就带着和他两情相悦的女生去外地考试了，他兴致勃勃地给我发消息，"今天考试她差一点儿被我骂。面试的时候，她居然跟考官说她不知道要考什么，是陪'男票'的"。

反正我听不出这话里有一丝生气的味道，都说毕业是分手季，而Y就这样在课上因为一次真心话大冒险遇见了真命天女。

Y说，考完艺考两个人就成了异地，他真怕被抛弃，说完就去了全封闭的学校，没收手机和外界整整三个月没有联系。

好多人在这段时间淡薄了感情，Y却在等成绩时继续开心地撒狗粮。

校考录取快出来的时候，我和Y都只拿到了一个本科的合格证，Y抱怨，他的名次正好卡在录取的后一名，没接到预录电话，正巧上不了。而我有点小确幸，我过的学校去年拿到合格证去报名的全都上了。

第二天，我的那所学校出了成绩，老师先帮我查到了学校公布的录取名单，给我发了句"录取了"的消息，几分钟后，我的名字就被撤掉了，据说是安徽省以超出名额为理由。此时Y发了个截图，是他和那个女生被同一所学校录取的名单，我最后一次亲眼见证了他的好运。

后来我们分道扬镳开始很少联系，我努力写字维持着温饱，在不习惯的湿冷江南过得有点儿压抑，却三番五次得知他过得如鱼得水，被选去群演见到一群演艺大咖、空间晒着周年纪念以及生日时女生熬夜替他剪辑出的祝福视频的惊喜，每次都只能用"我不入地狱，谁入地狱"安慰自己。

其实我很早时喜欢过Y，现在也确实不喜欢了。

所以即便他运气好到金榜题名，他乡还有情投意合的女生长久地陪伴，人生喜事被几乎占全，我也仍旧希望他能做那个一直走运的光芒少年。

踮脚仰望，父爱的光

于尾巴

在整个敏感而脆弱的青春期，我都是个极度话少的姑娘。我无时无刻不在想着怎样摆脱我的原生家庭摆脱我的父母。

我的爸爸妈妈在镇上经营着一家小五金店，他们总能因为一点儿家庭或者生意上的琐事争吵然后大打出手。我爸是个脾气特别暴躁的人，这一点我从小就知道。每次看到他们争吵我特别无能为力，我能怎么办呢？我爸总是对我说："大人的事小孩子别管，你只要在学校好好读书，不用把心思放在其他任何事情上。"

那个时候，我有一个带锁的木箱子，我把我每天晚上写的日记都锁在里面。我在日记里写着我对这个家的绝望，写着我讨厌有这样一个爸爸，写着所有青春期里的隐秘心事。

　　我一直知道我爸他永远把我当成他的私有物品，一个不能有任何自己感情的物品。但我仍然心存侥幸，觉得他在某些事情上还是会尊重我的。直到有一天我木箱子的锁被撬开，我心里所有的倔强都瞬间幻灭。我甚至觉得，我的爸爸简直就是一头野兽，蛮横无理地撕裂着我的整个人生。

　　我爸爸看完了我所有的日记，在某个夜晚坐在客厅等着我下晚自习。当我站到他面前的时候，他就开始理直气壮地质问我："我们大人吵架和你有什么关系，怎么可能会影响到你？不要总是为自己的成绩下滑找借口，明明是你自己没有把心思放在学习上。"我沉默着流眼泪，很想和他一样暴跳如雷地说："你们是我的父母，你们天天吵架怎么可能不会影响我，我怎么就能安心坐在教室里读书，难道我就没有自己的感情吗？再说了，你有什么资格看我的日记，侵犯我的隐私权！"我什么也没说，我心里知道如果我把这些话都说出来，他肯定会变本加厉的，和这样的家长永远没有道理可讲。可能是我的沉默把他激怒了，他突然冲着我的小腿踢了一脚，继续说："哭有什么用，只要是你的东西，作为你的家长，我可以随便看！"

　　当时我想：等我长大了我就自由了，跑得远远的你们就再也管不着我了。

　　现在的我和爸爸始终不能握手言和，但至少也没有继续针锋相对。或许是他渐渐意识到了自己当初的错误，或许是我慢慢理解那是他爱我的一种方式……

那些年，你给我的力量

回不去的青春年少

多 磨

1

你偷偷喜欢过的那个男孩子，已经学会了打领带。

你追了许久却被兄弟捷足先登的女孩子，已经蓄起了长发。

你酝酿了很久才写好却没有寄出的信，已经泛黄了。

你熬了好几个晚上亲手织好的围巾，已经用不到了。

你才惊觉，原来日子已经悄悄走过了好几个年头。

而我们也从最初的纯白懵懂，一点一点变了模样。

从最初的纯真到世故，活泼到麻木，热情到冷漠。

2

还记得在兵荒马乱的晚自习上与喜欢的女孩儿互传纸条，在深夜时打着手电筒与试卷厮杀，在听到下课铃声时与同桌迫不及待地奔向食堂。

这样的日子，我们茫然不知所措，任凭时间的洪流把我们卷走。

就算这样，也有做梦的权利。

某个蝉鸣不止的夏日，某个心绪难平的深冬寒夜，某个突然醒来的五月清晨。我们做了许多高昂又遥远的梦，渴望实现的心情，就如被吹满的气球，胀胀的。而这些梦，朝生暮死，无一例外地成了路边的野花，自生自灭，无人问津，最后如烟花般短暂地璀璨了我们单薄的青春。

3

那个残阳如血的黄昏，当所有的诽谤、辱骂、欺诈，一起向你袭来的时候，你躲在学校的某个小角落，咬着牙关不让自己哭出声来，你觉得整个世界都停止运转了。而这些，你觉得过不去的，现在都过去了。往后的岁月，想起来，你却是心存感激，中伤你的人，教会了你坚强。

悄悄努力了许久，在看到期末成绩依然没有起色时，心里还是会一阵酸楚。但在转身时看到同桌关切的目光，苍白的脸会立刻堆满笑容，满不在乎地说："没关系啦，反正我也没有努力。"

这是连痛都不敢喊出来的日子。

而现在的我们再也不会死于心碎，我们长成了坚强独立的少年。

4

走廊里推推搡搡的男生们，教室里围成一圈分享着八卦的女孩子们。那时候你觉得他们幼稚可笑，而在往后很多年，你再也没能寻到他们的踪影，再也没有听到过他们的笑声，再也没有看到过他们洋溢着青春的年轻脸庞。

很多年后你还记得她看向你时，明亮的双眼在你的目光下，开出许多绚丽的花瓣；你同样也记得，在五月的清晨，他偷偷压在你语文课本下的信。

那个在你认真写作业时，老揪你辫子，却在你回头时装作看书的男孩子，他的傻气竟是那般可爱。

那双在你和别的女孩子大声说话时，不时瞄向你却又在碰上你的视线急忙躲开的双眸，原来是那样明亮。

而在最后的最后，那场三月里不动声色的暗恋，成了六月里最精致的遗憾。

5

当初厌恶穿校服的你，现在是否会想念，蓝白相间的校服上淡淡的洗衣粉味道？

那张被你刻着"××我喜欢你"的书桌，不知道现在是谁在上面写作业，他有没有看到那行字，他是否也有喜欢的人？

"作业写好了借我抄一下。""我睡会，老师来了叫我哦。"这样子的话，以后恐怕再也听不到了吧？

"哎，布置这么多作业，今晚又要通宵达旦了。"说完这样的话之后，免不了要爆粗口，如今想来，也是会怀念的吧？

6

你在某个阳光温暖的午后，会细细为这段青葱岁月做起加减乘除来，算你得到多少又失去了多少。阳光穿过窗户罅隙，打在你身上。你莞尔一笑，哪能这么算呢，无论失去什么又得到什么，没了这一段年少，你的人生拿什么去回忆。

7

那时候迫不及待想要长大的你，如今真的长大了。

他有了青色的胡碴儿，她学会了化浓妆。

而那些错把冲动任性当作激情执着的岁月，就这样于我们打马而过了。

往事里的少年

方　悬

很久很久以前，我喜欢过一个少年。

他有世界上最莹白的皮肤，透明得如同白雪，在阳光下泛着柔和的光泽。他的睫毛很长，可即使是在他垂眼时，也不会在他的眼睑下投下一小片阴影，因为，他的睫毛也是白色的。他还有一头白发，风一吹，便四下飘散，在我的学生年代里，不羁得像是偶像剧里的男主角。他总是穿一身黑衣，却白得耀眼。

他是一个白化病患者。

第一次见他，是在中考之前。当时参加考试的初中生，都住在同一所高中里。我们考试的前一天，也是难得的休息时间，辛苦了好久的我们都放下了书本，不管明天就是中考，都携着同伴，在学校的各个角落散步。

那天傍晚空气清爽，我和同学一人一杯奶茶，咬着吸管靠在二楼的窗边向外眺望，他就是在那时闯进我的视线，一头白发，在人群中很是显眼。

那一年，我看了一部叫《恋空》的电影。男主角弘树便是一个一袭黑衣一头白发的美少年，即使顶着杀马特发型，也还是帅得一塌糊涂。大概是我少女情怀泛滥，很长一段时间里，都觉得白头发的男生真帅。

然后，我就遇见了他。然后，心底里就滋生出了小小喜欢。

可是那年，我只是一个胆小又自卑的女生啊，我只敢拽着同学的胳膊一遍遍唠叨："啊啊啊，他好帅啊。"

一传十，十传百，后来，我的同学们都知道有那样一个惊艳到我的少年了，可是，我这个当事人却什么也没做。

我仍然记得他在人群中的那一回眸，目光清澈，脸庞精致，干净温和得像是一个瓷娃娃。我就这么记了许久。

后来中考失利，去了另一所高中。万幸的是，闺密也在那里。一次和闺密去校门口的奶茶店买果汁的时候，一回头，我就看见了他——我记在心里很久的那个少年。

他跟我在同一所高中！我心底的小人忍不住欢欣鼓舞。

闺密也是知道这件事的，毕竟中考那阵子，我的校友差不多都知道了……

她扯扯我的衣角，示意我去跟他说话。

可胆小的我只是退在一边，让他先买。

"一杯柠檬薄荷。"他说。

他的声音真好听啊。我在一旁低着头，红了脸。他走过我的时候，闺密突然出声："就这样了？"

"不然呢？"我小声地回答。

后来，柠檬薄荷，我喝了三年。

我很庆幸，我家乡的那座小县城，没有大都市的繁华，也没有高高在上的自命不凡，那里的人们都很温和善良。他那样的一个人，在我的高中甚至整个县城，都只有一个，可是，大家并没有因为他的特殊而孤立他，大家接纳了他。他有很多朋友，他也会逃课泡网吧，普通得像是任何一个青春叛逆的少年。

我替他感到开心。但不开心的是我还是没能认识他。

反正是在一所高中，早晚会认识的。而且，在学校这不大的地方里，我也总能遇见他。

他和同伴去楼下的商店，他在体育课上跑一千五百米。他因为畏光总是戴着一顶鸭舌帽，因为畏光，他晚上的活动最为频繁，这在我眼里一点儿都不奇怪，我反而觉得他神秘得像是一个吸血鬼，迷人极了。

他不在我眼里的时候，都在我心里。

有一天，闺密兴冲冲地告诉我，她的室友和他是初中同学。

然后，我就知道了他的名字。

徐金良。

富贵又俗气。

可我的名字呢？同名的一大堆，一点儿都不特别。你看，这样算不算有点匹配啊？于是，我心里第一次因为我的名字产生了一点儿小欣喜。

我们最接近的一次，发生在午休时。

闺密的室友是个大大咧咧的女生。我们三个在寝室楼下的健身器材上消磨时光时，他又捧着一杯柠檬薄荷，戴着鸭舌帽从校门口慢悠悠地晃进学校。

"喂，你喜欢的那个人欸。"闺密指给我看。

不用她指，其实我一眼就看到了。

倒是闺密的室友一脸的不可思议："你喜欢他啊？叫他过来聊聊天好啦！"

然后！闺密室友真的隔着老远喊了他的名字！

"徐金良！！！"

我喜欢的少年被这颇有穿透力的声音吓了一跳，望向我们这边不明所以，发现原来是自己的老同学，便也隔着老远回了话："干什么？"

闺密室友又扯着嗓子喊："你过来，唠会儿！"

于是，他不紧不慢地真的走过来了。

我提着一口气，紧张得心都要跳出来了。我看见炙热的阳光下，他的白发泛着浅浅的金光，他瞳孔的颜色很淡，他笑起来，光芒却盖过太阳。

此时此刻，是我喜欢他以后，离他最近的一刻。我就要跟他说话了！我就要认识他了！

然而……我很没出息地跑了。

是的。我转身跑进了寝室楼，蹲在二楼的窗边，偷偷摸摸地露出一双眼看着楼下，他和闺密室友在聊天。

来不及懊恼，闺密气喘吁吁地跑过来数落我："看你那点儿出息，不就说句话吗，把你吓得。"

可是，我就是胆小鬼啊！

后来，我们之间就再没有发生过什么了。也许当年自以为的喜欢，也不过是因为受了《恋空》男主角的影响而已。也许正因为一直没能认识，所以他在我心里仍旧保持着最初的形象，干净而美好，让人不忍破坏。

再后来，日子久了，我甚至已经记不太清他了，当然，也早就不喜欢他了。

2015年的某一天，微博热点里出现了一个"白化病萝莉"的话题，我点进去看到那个女孩儿的图片，美丽得如同坠入凡间的精灵。第一时间，我又想到了他。

真的，他可以称得上是"漂亮"，他长得一点儿都不奇怪，似乎只是比普通人白很多而已。他很帅，笑起来眉眼弯弯，像个小小少年。脑海里浮现出他的脸，他有着纤长的低垂的睫毛，脸颊上有几粒浅浅的雀斑。他从我旁边走过，我看到了，便再也没忘。

后记：我写过很多故事，它们有的很幸运通过层层筛选被递到你们眼前，但更多的是写得不完整被丢在文件夹里永不见天日。那些故事里有真有假，有自己的有别人的，有亲情的有友情的。但这个，却是关于我的真实的又和恋爱稍微沾了点儿边的故事。

哦，既然是真的，那么便算不得故事。姑且称它为，往事吧。而那个往事里的少年，我祝他永远安好。

名为错过的情书

咕 咕

1

"我想变成一只很小的布偶，高兴的时候就趴在你肩上给你讲笑话，不高兴的时候就窝在你兜里睡觉，反正你到哪里都得揣着我。"小羊紧紧地攥着我的袖子，仰起头认真地看着我，一字一句地问，"裴悉，你抱抱我好不好？"

我想说好，可我只是骤然惊醒，翻了个身，睁开眼，又重新闭上。

小羊啊，你知道吗，我现在满脑子全是你。

2

初见小羊时，她蹲在隔壁班的环卫区一蹦一蹦地追一只小麻雀，和她一起的一行人扶着扫帚无奈地看着她。

小麻雀大概是刚长齐毛，还飞不利索，扑腾着翅膀飞不到半个人高又落了下去。看着轻而易举的一件事，她蹦跶来蹦跶去十多分钟过去了还是没追着。我实在看不下去了，借了把扫帚堵住了它的去路替她抓住了。

她兴奋地扑过来要摸小麻雀，又小心地伸出食指蹭了蹭它的小脑袋，我低头看她绯红的笑脸，看她水润润的眼睛里小心翼翼的喜悦，心突然慢了一拍。

我喜欢的小羊，就是这样的极其任性又极其善良。

3

然而，看她作死大概是我人生中最丰富的体验。吃不了辣又非要点特辣火锅，红汪汪的一层油辣椒覆盖在表面，我看着她没吃到两口就被刺激得泪流满面，边流眼泪边吞丸子，每吃一口就要灌半瓶水。最后我给她另点了份清汤，她全程怨念脸看着我面不改色地吃完，回途一路都在碎碎念："我最讨厌你们这些吃辣跟喝水一样的人！"

有一次晚自习下课她非要去吃冰激凌，当时已经是深秋，晚上气温低我不去，她就站在校门口跟我闹了十多分钟非要我答应。门卫叔叔狐疑地扫了我们好几眼，我迫不得已答应了她，到的时候却看见那家店早就关门了。

我看着她说："你看。"

她却一点儿都不失望，站在我身旁一直在笑。昏黄的路灯下面，我看到两道影子挨得很近很近，我想牵她的手，她突然往前蹦了一步，我没抓到。她回头看我，眼睛里面盛满了笑意。

4

到现在，还是不时有人问我，你们为什么会分开呢？

大概是因为我只看到她孩子气的任性和善良，只看到了她放肆的笑脸，然后我就忘了，我的小羊其实也装着满满的心事。

那个平安夜，大家都忙着换硬币送苹果，我坐在座位上无所事事，她突然出现在后门朝我眨了眨眼睛，拎了只兔子哒哒哒地跑过来，说："这是我儿子火锅，火锅乖，叫叔叔。"

我当时其实没有想看兔子，我只是在想，小羊穿得那么少，跑那么远去买兔子得有多冷啊。

我把火锅拎回家。才几个月的小兔子特别脆弱，不能喝冷水，不能吹冷风，还不爱吃兔粮，只吃新鲜的小白菜，每次都把兔粮撒得满地都是。我偶尔会把火锅放出来玩，它就满屋子撒欢似的窜来窜去，怎么抓都抓不住。跟小羊一个样。

后来一个晚上，风特别冷特别大，白天我妈打开窗户透气，一直没关，我回来的时候也没注意，把火锅直接放在窗台上了。

我完全没留意从窗户灌进来的风有多冷，也不知道火锅彻夜在冷风里瑟缩着浑身发抖。

我只看到，第二天它就冷透了。小小的白团子窝在笼子的角落里，再也不动了。

我看着火锅，不停地回想起小羊对我说："这是我儿子火锅，你要照顾好它知不知道？"那时候她眼睛亮亮的，眉梢都扬着开心。我想我该怎么告诉小羊。我想难怪它叫火锅，走的时候是不是就可能没那么冷了？

我告诉小羊的时候，她依旧是笑，笑着笑着眼泪就流了下来。

她哭的时候一点儿声音都没有，和吃火锅的时候完全是两个样子，却让我揪心一样疼。

5

我不知道小羊心里到底有多难过，就像旁人在羡慕小羊性情可爱时，我也从来没有想过，她可能一直隐忍着很多脆弱孤独的东西。我以为我可以给她快乐，却在很多时候疏忽了她的敏感心思。

每当我不遗余力地打击她，画不好看，字太丑，喜欢的东西太幼稚，人傻乎乎的，她就噘着嘴巴不说话了。可我完全不担心，我的小羊脾气那么好，从来都不会跟我闹别扭，她只是笑，笑着笑着就什么都忘了。

直到我看到她笑着的眼睛里真真正正流着眼泪，我才知道，我们真的结束了。

在那以后，我还是常常能看见小羊，偶尔三两结伴，偶尔一个人。三两结伴的时候总是笑着的，我可以看见她的笑意抵达眼底。可一个人的时候，光背影就透着一股寂寞。

不知道从什么时候起，每当我站在人群里，总会试着去找小羊的背影，我总想她能不能转个身再朝我笑一笑，再挥一挥胳膊，再缠着我东走西逛。

我时常看见她，却再也没办法站在她身边了。

6

小羊：

展信安。

这个学期过得好快，可是我觉得我们分开了很久很久，久到我所有的焦虑、怨恨、无望、求而不得大抵全都没了，牵肠挂肚的滋味真的可以改变一个人。

现在我只希望你很好，愿所有的烦恼悲伤都离你远远的，愿世间所有的好运和奇迹都眷顾你。

愿我的小羊时常有人陪伴左右，愿我的小羊永远快乐。

我不会告诉你我有多想你，不会告诉你我时常梦见你，不会告诉你没有你的我是何种滋味，这样最好了。

只是可惜，我可能再也没办法抱抱你。

那些年，你给我的力量

辜　敏

深夏，天气燥热，空气里铺天盖地弥漫着香樟味，明晃晃的阳光也是铺天盖地的，照得窗台一片白花花。

我打开电脑输入密码，正准备打开公布中考成绩的网页，手机忽然响了起来，那头是好友的尖叫："苏意我跟你讲！邵嘉树真的跟那个那个，钟敏在一起了！"

我握着鼠标的手忽然顿住，时间好像被谁按了暂停键，一动不动。

7月20日，中考成绩统一公布。一时间，好像我的未来就此被打入了地狱，而我，被无数或同情或鄙夷或担忧的目光扫视着，所有的努力被否定，年少的自尊统统碎掉，继而抬不起头来。

那是怎样的一种心境啊，万念俱灰，委屈和泪水哽在喉头，不敢出声，怕一出声就是嘶吼。

邵嘉树找到我的时候是黄昏。

他站在双杠下，微微抬头看着我，目光温柔："这样就要被打败了吗？"

我眼睛红肿，居高临下地瞪着他，喉咙沙哑的说："换你你试试！"

我固执地以为，没人能理解我的感受，也不需要别人对我的同情。

"苏意，你这个人真的挺讨人厌的，把自己的难过放得比天大，有什么熬不过去的，你只是懦弱，你自己都看不起自己，还有谁看得起你。"邵嘉树一把将我从双杠上拽下来，眼睛瞪着我。

"复读一年，好好读，大不了我在二中等你还不行吗？"邵嘉树放低了声音，有些小心翼翼。

我和邵嘉树初一认识，他坐在我后桌。匆匆三年的时光，我们也从相看两相厌的孩子心性成长为如今依旧相看两相厌的青涩少年。他取笑我长得难看，像个男的，我回击他腻腻歪歪，跟女孩儿一样，然后我们互相瞪着，咬牙切齿。可在时光的洗礼下，好像哪里有了不一样，比如我们长大了一点儿，他从原来的毛头小子变成了现在的翩翩少年，穿着白衬衫，袖口微微挽起，相对而立时，我需要抬头仰望他。又比如，我们对对方不再那么尖锐，明刀暗箭，怎么使坏怎么来。而是多了一点儿柔和，我在哪里受了欺负，他一定是第一个帮我出头的，别人说他坏话时，他还没生气，我先跟人家掐了起来。

他的这句话，让我落入冰渊的心一点点回暖，最后心腔里充满了滚烫滚烫的勇气，这勇气足以敌过千军万马四海潮生，我忽然觉得这段时间的矫情简直就像神经病。

"邵嘉树你就是想占我便宜，到时候你是我学长了就可以耀武扬威是不是？"

"Of course！"语气之理所当然，简直让我想抽他。

我们看着对方，许久许久，两个人都笑了出来。

那个少年的模样在视野里渐渐变得模糊，就像电影里的慢镜头，一点点将我拖出回忆的旋涡。哦，那个说好等我的男孩儿啊，身边有了别人。

有什么东西在胸口炸开，炸得耳朵嗡鸣。

我没有回应好友，挪动鼠标点开刚刚准备打开的网页。妈妈应该会很高兴吧，比想象中还要好的成绩呢，超过了一中的分数线足足二十分。嗯，我也很高兴。

原来，你并不是我的全部情绪。

复读一年的时光，无疑是难熬艰辛的，可是偶尔回学校来看我的你却成了我黑暗路途上最闪耀的灯塔，你让我觉得，我并不是一个人。只是熟稔如你，这么久了，邵嘉树，比我还了解我自己的你，怎么会看不出来我的那点小心思呢？

好友还在叫嚣着，替我觉得愤愤不平。我问她："你觉得哪个姓氏好？"

"我觉得辜这个姓还不错啊，怎么啦？"

当我把自己想好的笔名扔给好友看时，她炸毛了，"你有病吧苏意！"

辜敏，固执如我。我这么执拗，这个笔名，只用一次，我希望你们能在一起很久很久。虽然那个一下课就拍我桌子，总是偷吃我的早点，放学会等我一起回家的你，再也回不到从前了，可是我还是希望我们三年来的友情也可以很久很久。

对不起啊，邵嘉树，我不能去二中，不能当你的学妹，不能让你占便宜了。但是我还是很感谢，这一年，你给我的力量，让我有勇气去面对自己以为永远跨不过去的坎。

谢谢，再见。

悲伤悲伤，不会说话

谜　舟

2015 年 3 月

"我爸爸终于回来了。"午饭时间，简离冷不丁对我说。我抬起头，愣了几秒钟，遂开口，"是完全康复出院了吗？"简离未置可否，含糊着点头。我淡淡应道："那很好啊。"又低下头在饭碗里挑挑拣拣，都说不要洋葱不要洋葱，阿婆还愣是舀了一大勺，苦口婆心地教育我年轻人不要挑食。还说年轻人不要熬夜呢，我们不还是得为了六月份的高考起早贪黑？这世界有太多不想做却不得不做的事。

吃完午饭刷了碗，匆匆赶到教室上午自习。看着书桌前堆放着杂乱不堪的书和资料，抽出昨天做的还没来得及订正的数学试卷，眼神在试题和答案两边游走，手里的红笔却是连续打了好几个叉，叉到第十个的时候，笔尖稍一用力，试卷被划开一道狰狞的口子。我心烦意乱地丢开笔，像收拾垃圾一样把试卷答案一股脑儿塞回桌肚里。我交叉着双臂趴在桌子上，脑子如同灌了水的棉花沉重。午自习班级是没有老师坐堂的，可班里没有任何人说话，只听见笔尖和纸张摩擦的动静和偶尔懊恼的叹息声，这些沉静让我心神不宁。我重新将试卷从桌肚里掏出来，抚平上边的褶子，深吸一口气，又从丹田运出来，复埋首于试题中。

2015 年 4 月

晚自习下课，我回到寝室，在衣物包里找换洗的衣服。才四月份这鬼天气怎么这么闷热！我一边叠衣服一边抱怨，突然想起我的沐浴露还在简离那儿，我趿拉着拖鞋吧嗒吧嗒地来到隔壁，看见简离也正在整理衣服……

"简离，你把衣服都放进书包里干吗？"我坐到她身边问。她轻声道："哦，我跟老师请假了，明天回家一趟。"我见她神色平静，狐疑道："班主任同意了？"上次匣子得天花班主任好不容易批了假之后还不死心地问她："真的坚持不了？"逼得匣子放了狠话："嗯，我觉得我快要死了。"当时看匣子做出一副气息奄奄的样子，我差点没笑岔气。不过简离这次请假怎么这么顺利？我看向简离，她迎着我探究的目光莞尔一笑，我松了一口气：大概是简离长相看着比匣子乖吧。我仰面躺在简离的床上，"我真想回家啊……哎？简离既然你回家顺便帮我带两斤苹果吧！要阿甘家的，学校周围卖的苹果一点儿水分都没有！"良久没听到答复，我又直起身歪着头看她，"简离？"她面露难色，"我这次回去是有点事……我尽量吧。""谢啦！"我站起来，"那我回宿舍啦！"

回到宿舍，老大端着盆走进来，头发还滴着水问我："九九，你洗过澡了吗？"洗澡？啊！洗澡！我去找简离拿沐浴露的呀！两手空空的就回来了！

2015 年 5 月

"你奶奶前两天又在街坊邻居面前造谣说什么家里媳妇儿还不如外人，真是好笑，胳膊肘往外拐的人是她才对吧？保险我们给交，水电费也是我们交，一天天和一群老太太嚼人舌根还说无聊，我们又得给她装有线电视，人前人后她说我一句好了吗？要不是看是你爸的亲妈我早不客气了。说到亲妈，老太太也不止你爸一个儿子啊，你大伯你二叔一到给赡养费的时候就推推搡搡，要我说里里外外三条街都找不到像你爸这么傻的人！当初我真是瞎了眼……"我放下碗筷，闷声道："不吃了。"端起桌上的茶杯转身欲走，妈妈拉住我："这都高三了，就吃这么点儿还怎么学习啊？这鱼是我特地去菜市场买给你吃的呢！"我瞥了一眼桌上的红烧鱼，沉声说道："我想您应该记错了，喜欢吃鱼的是宋墨不是我，另外，您也知道我高三了，我需要清净。"说完这些，我立刻抽身离去。"哎……你这孩子怎么这么不懂事啊……""砰"的一声，关上房门。

我从床头摸出手机，刚一开机，老爸的电话就打了过来："打了几个电话都关机怎么回事？"我没好气地回答："寄宿学校的高三生带手机，我的腿不被班主任打断才怪！""家里的座机你也没接，你妈说你发完脾气就回房了，叫你也不应。"我努力回想刚刚饭桌上的情景，想了半天也还是没想出来我怎么就对我妈发脾气了，不想吃饭了就有错了？我口气愈加不耐烦，"爸爸，你打过来是有什么事吗？""哦，你弟弟的班主任打来电话，说他最近学习成绩又下降了，你做姐姐的要多指导指导他……"我气急反笑，"爸爸，要高考的人是我，我自己都忙得焦头烂额了。一个月只有两天假期，妈妈在一旁絮絮叨叨个不停就算了，你打电话回来还是为了宋墨，问题是宋墨他贪玩成绩下降你们当爸妈的都教育不了，总跟我说是什么意思？""你是做姐姐的……"我打断他的话："是！我是他姐姐，我要不是做姐姐的，是个男孩儿的话，恐怕也就没有宋墨什么事了吧！！"我愤然挂断电话。

最近脾气真是越来越差了，在学校时害怕那种压抑得几乎窒息的氛围，在家时面对不会理解我的父母以及还需要我操心的宋墨。人生，就是一场兵荒马乱的逃离。

2015 年 6 月

六月六日，熟悉考场。

六月七日，第一场语文，第二场数学。

六月八日，第一场文综，第二场英语。

高考结束的晚上，班长打来电话，邀我出去聚餐。班长说："来吧，咱们今晚不提考试，就大伙儿一起吃个饭，以后在一起聚的机会就不多了。"我想想也是，就答应了。我又给匣子和简离发短信，匣子回我：家里管得严，我妈说这么晚了女孩子出去不安全，虽然长得丑，但万一碰上瞎眼的混蛋呢！我忍俊不禁，真是亲妈！简离没回短信，我放下手机，去换上连衣裙，梳洗完毕，又看了眼手机依然没有短信提示。"该不是简离已经睡了吧？"我想。

我来到饭店的时候，菜已上桌。班长站起身笑着说："我还以为你不来呢！"我玩笑着说："哪能呢！班长大人亲自打电话，不能不给面子！"在一片嬉笑声中大家依次落座，我没什么胃口，男生们都在划拳喝酒，就连章桦都喝高了，灯光下的他面色通红，眼神迷离，一反平日里的斯文，倒有几分魏晋时期风流才子的浪荡不羁。"老班要看到他们这样子估计会被气死！"肖玫坐到我旁边笑着说。我点点头，"可惜他再也管不到我们了！"肖玫啜了一口橙汁，问我："宋君，你开心吗？""嗯？""高考结束了，我们终于毕业了。"我看向隔壁桌嬉笑怒骂的男生们，目光飘移不定，"我不知道，我一直就不是个对学习有天赋的人，那些起早贪黑，灌下一杯杯咖啡的日子终于都过去了，我以为我解脱了，可我现在只觉得很空。"

觉得很空，大概是因为三年来都紧盯着一个目标，朝着一个方向奔跑，当你终于到达那个地方才发现并不是你想象中的繁花似锦，它从来不是终点，而是个十字路口，来回的车子川流不息，你伫立在熙熙攘攘的人群中不知何去何从。后来，你才知道，所谓的"空空的"其实是对未来的迷茫。

"对了，简离怎么样了？"肖玫话锋一转。我疑惑道："简离？简离今晚没过来啊，我给她发信息她没回我呢。"肖玫说："简离的爸爸得肝癌去世了啊，你不知道？""你，说什么？"我瞳孔蓦然放大，周围的声音变得遥远而模糊起来……

"君君，我爸爸生病了。我妈妈去医院了，我家没人，你今晚来我家陪我睡吧！"

"君君，我想去一趟庙里。"

"我爸爸终于回来了。""是完全康复出院了吗？"

"……嗯。"

"我跟班主任请假了，要回去一趟。""哎，简离既然你回家顺便帮我带两斤苹果吧！要阿甘家的！""……好。"

我狂奔到简离住的小区楼下，疯狂地打简离家的电话，"简离，是我，我现在在你家楼下。"简离急急忙忙赶下楼，她穿着白色连衣裙，暖暖的夏风中却显得单薄清冷，她走到我面前神色慌张："怎么了吗？君君。"我嗓子干涩，半天才开口："你还好吗？"简离怔住。我鼻子更酸了，忍不住抱住她。她拍拍我的头，柔声问："发生什么事了吗？君君？"你个傻瓜，发生这么大的事你都要一个人扛，就不能告诉我吗？不对，你是暗示过我的，我却说"那很好啊"，你请假回去参加葬礼我还让你给我带苹果……"君君？是考得不好吗？"简离的声音再次从头顶传来，我终于忍不住泪如泉涌，"简离，简离，我……我数学有两道大题……都……都没来得及写……"

尾　声

人有时真的很奇怪，我们看到别人在朋友圈晒美食秀恩爱时会习惯性地感慨：他最近过得不错啊。也会在朋友跟你抱怨生活的种种时用些许同情的口气劝慰着"你别想太多"。我们哪怕看到的只是别人的冰山一角，就可以想像出一个完整的故事，或惊羡，或同情。

我一直以为简离是快乐的，匣子也是快乐的。我不知道，在我被高考折磨得死去活来时，简离却经历着生死离别。在我抱怨着我爸妈偏心宋墨时，匣子做梦都想有个弟弟或者妹妹。

简离依然没提过她爸爸的事，我亦装作从未听说。很久以后，我曾问她："简离，我遇到不开心的时候就想大吃一顿，吃饱喝足后蒙头大睡。你呢？"她不答反问："你看过一部印度电影《三傻大闹宝莱坞》吗？影片中，阿米尔·汗在遇到不顺时就会告诉自己'All is well'，我也是这样告诉自己的，自我麻痹也好，乐天主义也罢。只要活着，都会过去的。不是吗？"简离的眼睛澄澈清明，嘴角轻翘，弯成美好的弧度。

嗯，All is well。

和沈女士的相处之道

和沈女士的相处之道

理 樵

　　我生活的地方，在大西北的边陲小城。妈妈只是普通的小学老师。

　　我的童年记忆里没有女孩子都喜欢的芭比娃娃和巧克力，那时候我家的生活水平刚刚实现温饱，妈妈并不会给我买太多玩具与零食，却毫不吝啬地给我订一本本并不便宜的杂志，让我去上一个又一个特长班。从一年级开始，我的周末都是与特长班为伴的，从绘画学到了二胡，又从二胡改成了书法，还有学费很贵的英语。那时候妈妈不怎么买新衣服，很少去保养皮肤和头发，但从来都给我买最好的书和杂志，让我去上她觉得有意义的特长班。

　　虽然这些特长班至今为止给我的仍然只是小学生水平的简笔画与零零碎碎拉出的乐曲片段，但那些清早起来被赶去特长班的日子总是苦中有甜，也让我养成了周末不睡懒觉起床就想看书的好习惯。妈妈也会像其他妈妈一样催着我写作业不要老惦记着看电视，下楼和小伙伴一起玩。那时候也会埋怨但最后总是乖乖照办，因为妈妈真的超级凶，气急了还会骂人。

　　初中时候我的叛逆并没有那么明显，从小乖习惯了也就不会惦记着不乖。尽心尽力学习，把好看的成绩单和奖状带回家。其实我并不知道自己好好学习有什么用，只知道考好了妈妈会高兴。那时候我有喜欢的男孩子，回家会把那些小心思细细写进日记里，妈妈承诺不会看我的日记。日记就放在书桌最显眼的地方，她却对我的这些"破事儿"了如指掌；也不是没有怀疑过，但总觉得自己的那些心思妈妈知道就知道了，反正她也没有反对。几年后说起这事儿，妈妈承认那时候偷看了我的日记，并直言觉得没什么问题。为这事儿我教育她教育了很久，她也只是乖乖听着——这时候的我，可以心安理得地跟她顶嘴甚至批评她；这时候的她，也开始慢慢放下自己的权威，像个小孩子。

　　高中时候我离家上学，妈妈两周来看我一次，为我做几顿饭，洗一洗衣服。她开始允许我和同学一起出去玩到比较晚回家，让我陪着她逛街，给我买很贵的衣服鞋子，让我顿顿吃我想吃的。每天晚自习前给她打电话，告诉她今天吃了什么，跟她聊老师上课又说了什么俏皮话。我发觉我们之间的相处模式慢慢变得平等，甚至有点像姐妹。

我会教她时装杂志上看到的衣服搭配方法，会跟她分享小伙伴的八卦，会悄悄告诉她身边哪个男孩子还不错。高三第二学期她请假来陪我，平日里不怎么好好做饭的她开始变着花样儿地做各种菜，会悄悄带我去黄河边散步，会在我数学考砸大哭的时候告诉我，不管怎么样我都是我，都是她最爱的乔乔。每天下夜自习出校门挽住她的手一起走回家——她告诉我这个动作让好多接孩子的妈妈们羡慕不已。

现在，我考上了大学要真正离开家——这次她不能两周看我一次了。她悄悄告诉我她还是有些舍不得，但我长大了就要让我离开了。她慢慢放手，但依旧给我最多鼓励支持。

我们的样子也许就是别人眼中的模范母女，我乖乖听话，她给我一定限度的自由与她能做到的理解，会有争吵但会互相妥协，从来不放弃沟通，也许这就是秘诀吧。

每个人都认识过一个玛丽苏

李阿宅

晚上我正熬夜刷剧的时候，突然接到安小姐的电话。

安小姐在电话里火急火燎地说："快带着钱包来海底捞啊，临时换包把钱包落在家里了。"

我和安小姐并不算熟悉，只是在同一个圈子里的聚会上见过几次，互相留下过微信，充其量算得上点赞之交，所以我很诧异安小姐会给我打电话。但鉴于安小姐前两次给我留下的美好形象，于是我从床上爬起来，拿起钱包就往外跑。

赶到海底捞的时候，安小姐正站在前台左右张望，看到我出现，一下冲出来给了我一个熊抱，满脸感激地看着我说："亲爱的，你要是不来我都不知道怎么办了。那几个都是大牌的摄影师，虽然都是很熟的朋友，但是毕竟到我们的地盘上，不能让人家买单是不是？"顿时安小姐的豪情与仗义让我默默地在心底为她加了不少分，于是屁颠屁颠地把卡递给收银员。可我还没来得及把手收回来，又被安小姐一把握住，她拉着我的手，眨巴着眼睛一副楚楚可怜的模样说："一会儿我还想带他们去唱歌，亲爱的，你能不能再帮我取一些现金？"其实我也刚旅行回来，又换了一些电子装备，所以手头上也有些拮据。但安小姐咬着唇满脸期待地盯着我，我实在是不好意思拒绝，于是一咬牙将卡里所剩不多的钱全都取出来给了她。接过钱的安小姐眉头一下舒展开了，连忙表示改天一定请我吃饭。

之所以毫不犹豫地把钱借给安小姐，是因为我并不担心她会欠钱不还，从安小姐的谈吐与朋友圈的日常来看，她并不是缺这几个钱的人。果然刚回到家就收到安小姐发来的微信："谢谢阿宅，除了谢谢实在不知道说什么了，明后天还你钱哦。对了，你不要告诉别人我借钱的事啊，我觉得好难为情的。"

第一次见到安小姐是在一个摄影沙龙上。

一袭红色棉麻裙子的安小姐背着一台两万多的相机安静地坐在一个角上，礼貌地冲着所有人微笑。那次活动展出了很多安小姐的照片，有在新疆天池拍摄的，有在斯里兰卡的沿海小火车上拍的，也有在拉萨八廓街人来人往的街头上拍的，每展示出一张就引起下面的一阵惊呼，拍得真美。一瞬间，安小姐成了整个活动上的焦点。

安小姐像是一个梦里的人物，远远地伫立在那儿，供我们想象与观望。据说，安小姐还有一个家境极其优渥的男朋友。

于是我们总能看到安小姐在朋友圈晒各种名牌包包、各种令我们这种穷鬼咋舌的首饰，以及随时出入各种高端的聚会。每次看到安小姐更新朋友圈，我一边点赞，一边感叹，安小姐真是人生赢家啊。

但两天之后并没有收到安小姐的还款，她每天依旧在朋友圈和微博上晒各种照片和行程，我想一定是她太忙了，所以给忘记了。于是扒拉着泡面艳羡地看着她朋友圈里的大餐，忧虑到安小姐究竟什么时候会还钱。

我还在思索着如何对安小姐开口的时候，安小姐先发来微信了，吧啦吧啦说了一通的感谢话，我满心以为她要还钱了，好开心有没有！心里顿时有个小人在咆哮，终于要摆脱吃泡面的日子了。结果是，安小姐充满歉意地说："我网银输入密码次数太多，不小心被我绑定了，我这几天太忙，又没办法去柜台解锁。实在不好意思，能不能晚两天给你？"一刹那撞死在手机屏幕上的心都有了，你总不会只有一张卡吧？你那个每天送你名牌包的男朋友呢？

"那你周六之前能给我吗？我要还卡。"

安小姐信誓旦旦保证，周六之前一定会还给我。但一个周六过去了，两个周六过去了，我依然没有看到安小姐发给我的钱。于是我终于按捺不住打电话催促，电话另一端的安小姐终于失去以往的好脾气，一副老娘欠你钱是看得起你的语气说："我差你这点钱吗？"

"是我差，您赶紧还我行吗？"

"我又不是不还你，你看看你小家子气的，隔三岔五地催促，好像我能拿你那点钱跑了不成。"安小姐嚣张的语气，让我一时分不清到底我俩谁欠谁的钱了。

安小姐好像很生气，怒不可遏地挂上了电话，不一会儿就收到了她发过来的红包。但金额只是我取现给她的那些，我发微信告诉她，好像不太够。安小姐的玻璃心瞬间又碎了一地，说："那顿饭你还好意思算上啊？我都把那几个大牌摄影师介绍给你了。"接着发了一条朋友圈，语气充满嘲讽地写道："一顿饭钱就能帮助你认清一个人的心。"

我突然觉得无比委屈，我端着一颗心放到你手里，你却"啪叽"一下扔到地上，并且还用脚踩上几下。况且本来帮你是情分，不帮是本分，何必奢求更多呢？但没想到有一天我们一群人在一起吃饭的时候，一个朋友抱着手机盯着安小姐的朋友圈新晒的照片，感慨："她欠我的钱还没还呢，怎么还有心情玩啊！"一群人互相打量了一下，瞠目结舌："她也欠我钱！"

大概我们这些斤斤计较的"穷鬼"和安小姐这种出手阔绰的白富美真的不是一个世界的人，可是借出的钱无论多少都是信任与情义，难道这也很廉价吗？

我果断地把她拉进了黑名单。

没有谁会一直迁就你

钟龙熙

今天上午的两节英语课，我什么也没干成，光是当树洞一直在听身边的朋友吐槽了。她吐槽了近两个小时，无非就是在反复地强调自己没钱了，中午吃泡面好还是吃饭好，以后为了节约用电要不要一个星期洗一次澡好了云云。

这些琐碎得像灰尘般的破事，居然值得她花半个上午的时间在吐槽泄愤，这也是没谁了。

"我以后再也不两天洗一次澡了，我要一星期洗一次澡，回去我要把空调遥控器锁在柜子里，再也不开空调了。"她一脸坚决的表情。

可她的话说得也未免太满了，似乎她的字典里永远没有"可能，也许，大概"这样一类的程度副词。

"你上次也说过类似的话的。"我没有抬头，继续盯着桌上的英文字母尝试在心里默读。

她义愤填膺的情绪稍微低落了一点儿，停顿了几秒，她又挑高声音说："这学校吃电的你知不知道，我们交了多少次电费了啊，到现在就四百了，哪用得了这么多电啊，分明是学校坑钱。"

她仰头，不可一世地看着我，那副神情仿佛在说除了我你们都是一群智障。

我移开目光并不想和她对视，她眼里的自信实在是盲目得伤人。

似乎这世界的人都是笨蛋，唯独她聪明，她总是带有一种超强的主观性去评价事情，"客观"这个词早就被她扔到太平洋去了。然而我们身边的小伙伴对她这种个性也只能呵呵了。

和我们吃饭战线联盟的小伙伴一起去吃早餐，明明大家都说要去一楼，她自己想去二楼，我们说了让她买完下一楼找我们，她还一脸你们这么没人性的表情冲我们发脾气然后赌气摔餐盘。

大家一起聊天的时候，只要她一开口就会成为话题终结者，只要她一开口就吧啦吧啦地把自己的不满一股脑儿地倒出来活像个愤青。空气上空弥漫着低气压。

每次她像祥林嫂一样吐槽个不停，我就觉得，在她的世界观里世界都崩坏了。早餐买个手抓饼，和我们吐槽了一早上，还发这条"食堂一楼卖手抓饼的窗口，一去那就让你要最贵的，说了三遍多放点辣椒结果一丝辣椒都没给我，要加海带的，海带还不足整张饼的四分之一，后来的都拿到了而我的做都没做，再去那个窗口我就不姓胡"这样的动态。

可事实上，在她眼里整个食堂的辣椒都不足以满足她，整个食堂的分量都有偷工减料，整个食堂的阿姨都是利欲熏心。

她戏会不会太多了？我们一起去吃饭说好了去哪儿你不愿意去就不要跟过来呗弄脏了食堂还得要我们打扫。食堂阿姨们人都很好，世界也很温柔，只是你习惯于把话说得太满，把世界想得太坏。

姑娘，人的忍耐是有限的，再多的好脾气迟早也会被你的低情商耗尽。

别以为只有你有脾气，也别以为别人一定要迁就你的脾气。

你就别说了

坞行鱼

　　身边朋友里情商高的有，情商低的也不少。其实我自己就是一个情商低的人。所以很多不了解我的人都会觉得我话少内向，其实并不是，十分熟的朋友都知道我其实是一个逗比，并且嘴贱。

　　我偶尔会说错话得罪人，要不是关系够铁，我可能真的要没朋友了。而我深知自己的这个缺点，所以不太熟或关系一般的人面前，我是不大说话的。愚笨如我，觉得情商低还是少说话好了，起码不会犯错。

　　除我这种自知情商低的人之外，身边还有一种情商低而不自知的朋友，他们以为自己是"心直口快"，却不知道自己不经意间已经把人给得罪了。有一次晚上刷朋友圈，一个朋友晒了自拍，用了十分诡异的滤镜，导致人像重影，再加上她的眼线一直画得十分另类，毫无防备地拉下屏幕真的是会吓一跳。我当时就在心里想：嗬，吓人。然而我那个心直口快的朋友就直接在下面评论：这要是在半夜看到能把我吓死！晒自拍的姑娘没有回复她，不一会儿再刷朋友圈的时候，发现那张自拍删了。

其实我这个朋友人不坏，相反，她很热情，而且真实。可是，往往我们不经考虑脱口而出的话，虽然是我们的真心话，虽然说的时候没有恶意，可是它们却总是能伤害到别人。朋友见过了几次黑脸之后，发短信问我，她是不是很讨人厌。她觉得大家都不喜欢她。

当然，她不讨人厌，她对于朋友的一些评价其实也是确有其事，诸如"这件衣服不好看""你这样穿显胖"，等等，可能其他人都这样觉得，只是大家都没说而已。你说这样的话，什么样的人听了会高兴？

心直口快不等于真性情，而是情商低。所以吧，在找到确实能够提高自己情商的办法之前，少说话应该是一个还算保险的办法。当然，也希望我们都能变成会"说话"的聪明人。

一言一行皆情商

翁翁不倒

　　情商高低或许一般人不是很能用一些专业术语来描述，但是我们可以感觉得到，通俗地说应该是一个人做事方式是否让人感到舒服，让人觉得他考虑周到。

　　我高三时，有个同桌，说话可以说直白率真，但有时会让人听了觉得很不舒服。比如说，她和别人讨论问题时一定要分出个胜负，时常可以从她口中听到这些词语："不对！你错了！""不，这是错的，你做错了！""你肯定错了！"有时候的确是对方错了，无话可说，但有时候，是我同桌错了。这时候就很尴尬了，明显是既不给别人台阶下，也不给自己留余地。

　　其实我认为，即使自己很清楚是对方错了，也可以换种说法，比如："你要不要再看一下这道题？我觉得这个地方怪怪的，不知道你会不会是看错了？"我们可以尽量采用一些比较温和的词语，而不是咄咄逼人，讲话就像发炮弹，不把对方炸死不休。

和我同桌不一样的，我还有另一位同学。没和他接触前，一直听别人说他是暖男，情商高。和他接触后，不清楚那叫不叫情商高，但是和他相处非常舒服。

他有一米七多，站在他身边我们还是有身高差的，但是每次我和他说话，他都会稍微倾斜身体降低身高，这一点第一次见面就给他加了分，让我感觉特别好。

和他说话觉得他是一个很好的倾听者，很会抓重点，回复得也很合理，不会没话找话或者说废话。很多人一起聊天的时候，他能够想到全部人，有些人存在感比较低也不爱说话，但他也能照顾到他们，又不会很刻意，最后大家都能愉快地参与到讨论中。

觉得很多事情他都是看破但不说破，适当提示，剩下的就让当事人自己领悟。我也曾试过，做了一件错事过了很久才意识到，顺带回忆了一下，发现当时他就有在替我解围，于是心里更加感激他了。

也有人觉得情商高就是有心机，我认为错了，前者是为了帮人，后者却是害人。情商高不是一个贬义词，情商高的人一言一行都让人感到舒服。相反，情商低的人总让人感觉"聊不下去了"，就像把嘴贱没情商当成直率真实。

提高情商是会让生活变美好，让人与人之间的关系变更好的！

追尾日记

追尾日记

草帽儿先生

我用课余时间看完了乔一的《我不喜欢这世界，我只喜欢你》，暖到想哭。然后就想起我不知道在哪本书上看到的话。

——反正人生啊，没有爱又不会死掉。

——是的，人生啊，没有爱并不会死掉。不过有了爱，会活过来哦。

这是 2015 年的深秋，未来还不明朗，脆弱伤感的人们很多很多，然而温暖从黎明后的太阳到深夜的月光里，一直都在。

嘿，趁着黑板上暗恋的人的名字还没有被值日生擦掉，要不要留些什么当作纪念呢？

其实我是挺苦恼的，如果我心仪的男孩子名字里有个"阳"字，那么我可以给这篇日记取名叫作"追阳日记"，再不济也可以叫"夸父日记"，怎么听都是气势滔天。偏偏那家伙单名一个"尾"字呀，于是我的日记变得跟肇事逃逸司机的笔录似的。

不过转念想了想，自己也不应该太嫌弃心上人的名字，那么姑且就先称呼他为 W 好了。

1

W同学各科成绩都很棒，唯独语文是弱势科目，我始终觉得这和他不喜欢看小说杂志是有莫大关系的。

我曾经问他："你知道《萌芽》吗？"

他回曰："你是说县长吗？"

于是那天我才知道，原来我们县的县长，就叫蔡萌芽。

2

某天我失眠，一时任性使然，大半夜给W君打电话，他睡得迷迷糊糊地接了，我说我睡不着你要么给我讲故事要么给我唱安眠曲要么和我同归于尽都别睡。

我觉着W同学当时的语气是对我浓浓的嫌弃，最后他美其名曰睡前故事要足够枯燥才能诱出睡意，一遍遍地讲"从前有座山，山上有座庙，庙里有个天才少年给脑残少女讲故事，说从前有座山，山上有座庙，庙里有个天才少年给脑残少女讲故事……"

然而我居然听着这样敷衍的睡前故事睡着了。

3

我说隔壁班的才子×××给女朋友写情诗呢，那叫一个浪漫。W同学表示十分不屑，当场就吟了一句诗送我。

"金木水火你，生旦净末你。"

谁也别拦着，我要拿扫把揍他一顿！

4

放学的时候我和W同学一起走，刚好鞋带散了而我手上又抱着一摞书，于是我把手里的书递向他。

"抱一下。"

然后那丫一脸的扭扭捏捏，脸颊唰地涨得通红，四下里看了看之后飞快地伸手抱了我一下。

我让你抱的是书啊！明明占便宜的是你还羞涩个什么鬼啊！

5

有一段时间我感冒，喉咙一直发干，于是喝了很多水，放学铃一响我就直奔厕所，留下W同学提着我的书包站在女厕所不远处等我。

那个位置其实是有点尴尬的，时常就有经过的同学打趣他在看守厕所，偶尔还有前来上厕所的小学妹一脸惊恐防备地打量他。

我上完厕所出来W同学会拿纸巾给我擦手，后来他干脆专门备了一块小手绢。可惜我只要一想到他随身带一块粉色系的手绢，好不容易升起的一点儿感动就都被这莫名的喜感戳破了。

6

下楼梯的时候我走在W君后面，想要吓他一跳，就忽然把手放到他脖颈上。

结果他叹了口气，说："你的手那么凉就让你取一会儿暖好了。"

嗯，那时是冬天。我刚用冷水洗过手。

7

我心血来潮去剪了短发，于是那群损友排着队来损我，让我跳脚不已。只有W小朋友连看我的眼神都没有变一下，特别淡定地继续做他的作业。我忍不住问他："你不嘲笑我的发型吗？"

"啧，看来你很喜欢被嘲笑嘛？剪个头发难道就不是我女朋友了？"

哎呀呀我正打算感慨他居然会说甜言蜜语了，他接着补上一句："变丑了更安全。"

8

W同学的家教还是蛮严厉的，有很严格的时间限制。于是他每回和我出去都在不停地看表，张口闭口就是："我×时×分之前要回家，现在还剩余××分钟。"

有一次我忍不住就怒了："你以为是给犯人行刑倒计时呢？！一出门就想着回去，那你就别出来！"他淡淡地应了句："我哪一回预定的回家时间不是因为你而一拖再拖？"

我仔细想想发现还真是这样，然后就忽然有点心虚了……

9

　　我的体质很糟糕，是运动后肌肉拉伤要很久才能好的那种。体育老师有段时间可能是受失恋刺激，每节体育课都让我们绕着操场跑三圈再往返蛙跳五十米（PS：我们操场四百米一圈），一星期两节体育课，往往是我还没有恢复好就迎来了第二轮魔鬼训练，于是后来我上楼梯都要扶着墙，上厕所蹲下去就站不起来，W同学终于看不过去了就提议每天载我上下学。

　　我跟我妈解释说W是一个很热心肠的人，主动帮助有困难的同学。然而我低估了我妈的八卦能力，某天中午她硬是招呼在楼下等我的W同学上楼坐，还削了个苹果给他。

　　待我放学回家，我妈用特别洋洋得意的语气跟我说：你看我对咱们家女婿多好，还特地削了个大苹果给他吃。后来我跟W同学说起这件事，W答曰："甚好，我岳母真开明。"

　　我说你们互相认亲戚之前能不能先征询一下当事人的意见！

10

在还没有在一起的时候，某回我和W同学谈起对以后伴侣的要求。我说我要找的男人必须得会做家务哇，顺口就问了句："W你搁家里整天被当神供着的吧？"

然后W同学就支支吾吾地开始解释他最近正在学做家务呢，还说大学前一定可以做到自力更生。

回想起这件事的我十分怨念，只怪当时自己情商太低，居然没有发现他话里深层次的含义，不然我一定……狠狠地嘲笑他。

11

在一起的过程大概是这样的，我看小说到半夜忽然觉得肚子饿，然而家里零食已经被我消灭光，于是就给W同学发短信吐槽，本来只是随手发一条，没想到他也还没有睡，于是就聊起来了。

"嗷，W同学我的肚子好寂寞心好累。"

"说吧，看上了哪个男孩子，我帮你追。"

"其实我喜欢女孩子。"

"……"

"我最喜欢我自己了哈哈哈。"

"这样啊。我也是。"

"呸，居然这么自恋。"

"哈哈哈，傻了吧，我说的是我也喜欢你！"

然后？然后我吐槽完他自恋就抱着手机睡着了，第二天起床发现他告白，还发短信倒计时三秒，我没有拒绝就是同意了……

12

我第一次学织围巾，织好后当作生日礼物送给W同学，好吧作为新手一枚，织得丑也应该被原谅。

送出去后W君的发小告诉我，W同学从小就讨厌戴围巾——他总觉得自己会被围巾勒死。

然而一整个冬天，除了换洗的时候，W的脖子上都系着我那条丑得很有个性的纯手工围巾。

13

W先生的性格很是傲娇。

刚在一起的时候我们晚自习坐前后桌，某天我拿手指戳了戳他后背："欸，我们牵个手吧。"

他说："好啊。"然后伸出一根食指给我……我把他手拍掉说："不算重来。"于是他把整只手掌伸到我面前，我们一本正经地握了握手……

不按剧本来啊，不是应该十指相扣的吗！

14

W同学一个QQ用了好几年还处于七八级的状态，空间唯一的一条动态是官方发布的"嘿我申请了QQ空间"。

然后不知道是谁告诉他我很喜欢在空间发心情，某个星期六下午我的空间动态就一直闪个不停，W小朋友用一下午的时间把我近一千条的说说挨个点了赞。

大抵是想表示已阅吧……

15

某次我和W同学讲电话，临挂断前我说："你说一两句重要的话就挂吧。"

W同学心领神会："小草帽，I love you。"

16

出去郊游，W同学骑自行车载我，我一时兴起抱住他的腰，搂了一会儿觉得不太好意思，问他我是不是松手比较好。

W同学说："前面也有一对骑自行车的小情侣，那个女孩子还把头靠在男孩子背上了呢。"我于是心安理得地一路抱着他。到达目的地后，我觉得他非常有必要给我解释一下那对情侣在哪里。

17

W同学心情好的时候会向我汇报行踪，然而没有强迫症的人完全无法消灭错别字。

某次他和爸妈去旅行，上飞机前给我发短信。

"我要登基了。"

"啊，吾皇万岁万岁万万岁。"

我觉得我真是很配合呢~

18

初中老师通知我们去学校领毕业证，我叫W同学等我一起，他回曰："你打算和我去领证？"我点头如捣蒜，他就一脸赞许的表情然后摸摸我的头。

现在想来总觉得哪里不太对啊。

19

我把粉色的半框眼镜换成了一个大黑框的眼镜，W同学不停地吐槽"显得脸好大""显得眼睛好小"……

最后在我发怒前忙慌地补上一句："但是更cute了。"

你丫要夸好好夸！

20

某日数学课，老师上关于逆命题否命题逆否命题的新课。W君传了张纸条给我：把"我爱你"改成逆否命题。

我看完纸条内容心就凉了半截，颤巍巍地回复了句"你不爱我？"然后W用看白痴的眼神白了我一眼，最后传回来的纸条内容是这样的：

"我爱你"＝"如果有一个人是我，那么这个人爱你。"那么逆否命题就是，"如果一个人不爱你，那么，这个人，不是我。"

21

由于我是一个怕冷的家伙，冬天把自己完全包成了一枚粽子，于是又有损友们来嘲笑。

我无比郁闷地问W同学："我看起来是不是真的胖成了猪。"其答曰：可以用"舌尖上的中国"中的一句话形容你。

我暗想：莫非是秀色可餐？然而答案是"发酵中"……

22

每次和W同学聊完天，我说我要睡觉了，他总是回复"88"或者"886"，从来不懂回个"晚安"。

某次我就怒了："一点儿也不温暖！重回！"等了半天他回了个886℃……这温暖的，我直接就成灰了吧。

23

情人节。

我送W的礼物是一本抄满了自己看了觉得快笑岔气的笑话的笔记本，他却忘了还有情人节这回事。

最后他急中生智提议帮我梳头发，然后给我扎了个歪歪扭扭的巨丑的马尾。但是"为君绾青丝"什么的完全被萌到了好吗！

24

　　说实话，天空忽然下起大雨然后男生为女生送伞这样的事W也做过，区别大概只是……他状况百出不远万里地终于送伞抵达之后，那场夏日的雷阵雨已经停了。

25

　　在这里曝光W同学两件糗事。

　　一件是他出门跑步，路遇大雨，冒雨跑回家后鞋子都湿透了，然而他一到家，鞋子一丢就忘了这回事儿。大概一个星期后他才想起那双惨淡的运动鞋。天啊，鞋子里都长了真菌。

　　另一件嘛，W特别喜欢给自己的东西签名，课本笔记本啥的还处在正常范畴，关键他连雨伞都不放过，愣是拿美工刀在那铁杆上刻上名字。于是刚在一起时我一度担心他会在我衣服上签名，事实上，他送了我个刻了他名字的印章——觉得以后找人借钱我都盖他的名字好了。

26

　　我晕车特别严重，所以每回和W同学一起坐车他都会先帮我把窗子打开，再换我坐到窗口。

　　我偶尔晕得惨兮兮地把头靠到他肩上，他就会把正在玩的手机游戏关掉，然后保持肩膀不动，最久的一次长达一小时。

追尾日记第二发

草帽儿先生

1

和W同学去逛街，路遇一个卖气球的老奶奶，就是把长条的气球扭成动物形状的那种。

我跟W说我小时候一直想要买一个，但是妈妈始终没有同意，现在都找不回当初的渴望啦。他听后想了想，对老奶奶撒娇磨了好久，学着亲手扭了一只小猪。

嗯。送给我。

2

W时不时会和爸妈或者其他亲戚朋友等各路人马出门

吃饭，但是他从来不拍食物的照片，反而跑去拍人家的店名之类的。

我好奇地问他，答曰："这样我才记得哪家味道还不错的餐馆在哪里，才好带你去吃啊。"

哈哈，身为吃货最大的幸福，就是遇到了一个如此棒的男朋友。

3

W和我出门，只要有人行天桥一定硬拽着我走人行天桥。不让我闯红灯，没有斑马线就不可以过马路，不论是一起骑车还是一起走路，始终让我待在马路的内侧。

嗯，他曾经在三天内出过三次车祸，头破血流有惊无险皆有之，幸运的是依然活得好好的。但是他生怕他真有什么吸引机动车的诡异气场，不愿危及我。

4

我是一只不太正宗的熬夜狗，每次提议和W同学聊QQ到半夜的是我，还没有到半夜就毫无预兆地抱着手机睡着的还是我。

第二天早上起床我都会觉得心情很崩溃，于是眼巴巴地跑去找W撒娇道歉，后来W跟我说："其实没关系的，他都习惯了。"

噢，听到"习惯了"三个字忽然觉得有点儿心疼。

5

学校重新粉刷了栏杆和铁门，我好死不死地蹭了一手，万念俱灰地伸手给W看，然后他下意识地就想帮我把油漆抹掉。

结局就是我们俩都蹭了一手洗不掉的油漆，好像一人戴了一只银灰色手套。

6

我有蛀牙，W同学就开始限制我说不能自己买零食，只能吃他买的。某天他在答应我买德芙之后我又想多加一条绿箭，那丫死活不同意，我就说那我要自己去买辣条吃。

于是他最后缴械投降，答应多给我买两条绿箭，然后冲我念叨了半个小时的"辣条的制作过程不卫生，吃了对身体不好"。

7

反正W同学对于我的请求几乎来者不拒，甚至连我提议买个西瓜去奶茶店边喝奶茶边吃瓜这么脱线的提议，他也完全没有二话。

我们拜托店员把西瓜剖成两半又讨了两个勺子（居然没有被从店里赶出去……），W同学在十五分钟之后把他那半个西瓜剩下的部分推给我。

剩的是西瓜最中心最甜的那部分瓤。

（PS：我们吃的是小西瓜啊，大西瓜一人吃半个的话非撑死不可~）

8

某次晚上聊完天我打算去睡觉，W同学说："帽帽我给你讲一个老梗。"

我问："啥？"

"晚安，就是我爱你爱你的意思。"

"晚安。"

真是浪漫得不要不要的，W君你终于终于开窍了啊，泪流满面中……

9

有一次我重感冒，数天未好，一直没完没了地流鼻涕。

　　W同学不知道哪里来的自信，屡次劝说我按照他的生病经验来吃药，什么鼻炎宁+三九冲剂很有效之类。

　　最后我缴械投降说不是我不想喝，是家里冲剂都喝完了，外面药店早关门了没得买。

　　于是他夜里十一点半拿了家里的感冒药偷偷溜出来，我至今记得他出了门才发现忘了穿大衣，担心回家拿会吵醒父母，等在我家楼下被寒风吹得直跺脚的样子。

10

　　W很担心我会忘了吃药，然后，我就真的忘了吃……在他问起的时候我信誓旦旦地跟他说，只要我足够坚强，明天感冒就会好！

　　他揪着我的脸龇牙咧嘴："亲爱的，主观唯心不可取，我们要尊重客观规律。"

　　你个理科生跟我秀什么政治和历史！难为你还记得这个……

11

　　我跟W小朋友说我要赶稿子，但是没、有、素、材、了！

　　W沉默数秒回曰："要不我给你回忆一下我的初恋史

然后你自己选材？"

当时我就炸了啊："初恋居然不是我？！"

然而W君的初恋史是这样的：从前有个人，她感冒了明明很难受还不喝冲剂，后来她就嫁给了W。

喂，我说，那我到底是该喝冲剂还是不该喝冲剂啊。

12

你知道的，女孩子总是口是心非口，有时候明明生气还要假装大度啥的。为了避免这种情况，W君就和我约定了个暗号。

一旦我说"那你忙吧我不打扰了"，他就得立马放下手头的游戏之类的陪我。

"那你打扰吧我不忙了。"

13

继续说感冒的事情。我吃完了W从家里拿来的药后，病情依然不见好转，成天挂着两条鼻涕形象十分凄惨。

放学和W途经一家药店，他闷不作声地转头就钻了进去买了两大盒药出来。递给我的时候我说这是药又不是糖，这么多吃不完啊。他答："那留着下次感冒吃。"

这个乌鸦嘴，居然咒我再感冒……真是不会说话。

14

在我感慨了无数次今年入冬失败后，寒潮就无情地打我脸来了。我一夜之间把羽绒服秋裤围巾手套口罩毛线帽整了个全，早晨刚进教室闺密就飞奔过来跟我说："你们家W刚才一直站在走廊上往楼下张望，看到你来了才进的教室呢！对啦他还说你今天真是风情万种！"

我听完后打了鸡血一般兴冲冲地进了教室，结果在座位上找到一张纸条，W同学的笔迹：风情万肿。

……我就不该指望他能正正经经地夸我一回。

15

我有时候会指着某某男生跟W直呼"哇！好帅！"此刻W是不怎么愿意搭理我的，木着一张脸。然而我说他吃醋了他又不承认，于是我就坏心眼地接着夸。

直到某天他终于有了反应，冲我翻了个白眼说："那又怎么样，他的女朋友又没有我的漂亮。"

看看看！这是在夸我哦~

16

"你要不要吃饼干？我们家亲戚送的，好多盒都吃不完。"

"哼。吃不下才要给我哦。"

"我还不是故意这样说，为了让你受之无愧好不好！"

17

鉴于省质检后，我的数学科展示出了无与伦比的巨大进步空间（咳，其实就是分数特别低的优雅说法），W小朋友决心给我把数学补上来，于是就出现了以下的对话。

Top.1

"你跟我说，你最不会的是什么？"

"我会算概率那题啊。"

"你总得给我一点儿方向吧，得分最少的是什么？"

"就没有一题是得分高的啦。"

Top.2

"我说，导数什么的我才不要做！"

"几十分不要啦？你真大方啊我的姐姐。"

"你叫谁姐姐叫谁姐姐！"

"我的错我的错……"

Top.3

"不想做导数，那三角函数和数列还有参数呢？"

"公式都记不住好烦啊啊啊。"

"那你考卷下来做什么？"

"我把会做的从头做到尾。"

Top.4

"还有椭圆双曲线啥的我都不懂。"

"行，我回去复习一下圆锥曲线再来跟你讲。"

"圆锥曲线是什么？"

"就是椭圆双曲线和抛物线的总称啊，数学书翻开看看你这文盲！"

Top.5

"点到直线怎么求懂了吗？"

"唔……给我公式……咦……这个公式好像见过！"

"废话！高一教过的了好吗！你好过分！"

Top.6

"为什么做错一题要重做十道类型题？！"

"假一赔十？"

"你敢想象我现在的心情吗？"

"不敢，我怕疼。"

"我……"

18

W某天忽然问我："你认为好成绩是天生的吗？"

当时我就懵懵的，然后嘴快地回了他一句："学霸不要装。"

W就一脸"我早就料到是这样"的表情冲我翻了个白眼，然后说："其实我初中是学渣啊，但是我觉得，怎么着也得比你好一点儿，不然怎么和你填同一所大学？"

"啧啧啧原来你偷偷惦记我这么久！"话刚说完恼羞成怒的某只就打了下我头。

哈哈这才是积极向上的爱情的正确打开方式呀。

追尾日记第三发

草帽儿先生

1

　　W先生是很喜欢钻牛角尖的家伙。比如说，某次他忽然想改一个文艺的个性签名和我遥相呼应一下，我就把自己的摘抄本丢给了他。

　　"这句话有二十七个字，我想表达给你的是第十、十一和十五个字。"

　　"我数过了，这句话明明是二十六个字！"（居然有你这么无聊的人如此斤斤计较！）

　　"你是真的没有见过我在洗澡的时候擦擦手秒回你信息的样子。"

　　"啧这个人居然希望别人看他洗澡。"（我真的很想说你关注错了重点，但，为什么感觉好像有点道理……)

2

和W小朋友也是吵过架的，我还在生闷气，他就给我发晚安。我特没好气地回复"还没有睡觉晚什么安"。

他说："我跟你说过吧，晚安是'我爱你爱你'的意思啊你个傻。再来一遍不要打岔。晚安。"

……好吧是在下输了。

3

W没有和我一起跨年，但是我在零点准时收到了他发过来的拜年消息和一个他放孔明灯的视频。

其附言曰：喏，蠢帽，你不是一直想放孔明灯吗？真担心你那么笨点火会烧到自己，到时候又要一把鼻涕一把泪地冲我哭诉。还是我放给你看吧。

4

"蠢帽，我最近每天中午没睡觉都在找笑话看，想要讲给你听，但是一看到你就忘得一干二净了。"

嘿你们掌握了W先生言语的正确打开方式了吗？你以

为这是甜言蜜语？非也非也，因为他紧接着的话是这样的：

"因为你看起来更好笑哈哈哈。"

混蛋！我哪里好笑了！乱讲！

5

一天我和W同学闲扯淡，他突然冒出一句："听说这几天要多喝热水，做好保暖工作。"我不明所以，他就傲娇地不肯再开口，在我好奇心爆棚没完没了地问了N遍之后，他甩过来一句"你上个月大概这几天的时候跟我说你来大姨妈！"

咳……真难为你记得比我还清楚。

6

情人节W给我发了5.20的红包，我问他："你把那个点去掉怎么样？"

他回曰："我想爱你多一点儿。"

啧，这充分说明机智比土豪更重要啊。

7

我真的真的真的没有见过比W同学还不解风情的人嗷！

有天我兴致高昂地跟他嚷嚷："欸！好巧啊！我们的衣服一样耶！"他瞟了我一眼，轻飘飘地丢过来两个字："校服。"

8

今年的气候有点奇怪，一开始一直入冬失败，后来又变成多少多少年以来最冷的一个冬天，连福建都开始下雪。

那天早晨八点多真的飘飘悠悠下起雪花，虽然很小，但是第一次见到雪的我兴奋得不行，急忙地跑去拽W君出教室看。

他大概是不满我大冷天打扰他冬眠，在我还处于极端亢奋的时候凉凉地吐槽了句："对你来说这下的不是雪，是考点。地理会考气候，政治也会考霜冻经济下行之类。"

……我这心变得拔凉拔凉的。

9

W同学是一个神秘的小家伙，就连我都不知道他到底有多少秘密。当然啦，每一个女孩子最在意的还是那一项——现任男友的前女友之类的。

我只知道W在我之前喜欢过一个女孩子，虽然没有在一起，但是有一句歌词怎么唱的来着，"得不到的永远在骚动"，再加上我又是好奇心爆棚的人，就时不时旁敲侧击地向W打听是谁。

高冷范儿的W同学被我缠得烦了，甩给我句："放心吧，她化了妆都没有你化成灰好看。"

嗯……我咋感觉这不太像是夸我啊？

10

有段时间W同学迷上了猜字谜，于是我这个学渣成天被学霸虐得不要不要的，一开始还尝试着猜，后来索性把"扶不上墙的烂泥"扮演到底。

"'不准说话'猜一个字。"

"嗷嗷嗷不猜了不猜了！你直接公布答案吧！"

唔……答案居然是"吻"。

11

　　毕竟高三还是有点忙，W同学偶尔挤不出时间当面指导我做题，就会让我把不会的题目拍给他，他做了再拍照发给我。然而学霸总是不自觉就会跳过一些他们认为十分简单的步骤，导致我丈二和尚摸不着头脑。

　　"看懂了吗？"

　　"啊哈哈你的字真好看~"

　　"好吧我重新写详细一点儿再拍给你。"

12

　　W同学习惯在考试后帮我分析一下丢分的原因。我一开始很感动，觉得就算考得再不好，有这么一个大靠山，也是可以东山再起的。

　　然而他的说法是："我是为了让你死而瞑目。"

　　虽然他立马意识到脱口而出的话不太对劲儿，急忙补充了句："认清现实才能不抱侥幸心理，才可以提高分数。"我还是没忍住十多个白眼飞过去。

13

反正，在一起那么久，W同学从来都不是特别腻歪的人，虽然放学都等我一起走，但是像什么一下课就飞奔到我班上来找我这种事情从来没有出现过。（两情若是久长时，又岂在朝朝暮暮。我也不喜欢太腻歪呢！）

只有某一次，我去学校晚自习，在校门口碰到W和他同桌往外走，打完招呼之后各走各的，结果三分钟之后他从后面追上我，和我走到了我们班教室。

我猜他半路被丢掉的同桌一定在骂他重色轻友。

14

话说为什么现在就有人在担心我未来公公婆婆的性格（哎呀这么讲好羞涩），看在你们一片赤诚的心意上，我决定披露一个关于W爸爸的小段子。

W的第一次省质检考得不太好，寒假在家就老是受到W爸爸的欺负。比如说，W在房间做作业，W爸爸在客厅和客人喝茶，喝了一会儿大概觉得需要来一些助兴的节目，就把W同学叫了出来，不是献唱也不是献舞更不是打一套太极拳，而是让他……称、体、重！

这还没完，称完后发现W变重了，W爸爸吐槽了一整个下午的"没有认真学习才会长胖！成绩没有进步还敢长肉！"

W跟我吐槽的时候我笑得差点儿岔气，吼吼这么可爱的W爸爸哟，搞得好像自家儿子是卖艺的。所以你们完全不用担心啊，至少在欺负W同学这点上，我和W爸爸是同一战线的。

15

和W同学吵架，也不记得是什么原因了，他就冲我来了句："你是不是想分手？"我这暴脾气当时就炸了，更大声地把"分手就分手！"吼回去。

在我看来分手后就没必要藕断丝连了，什么QQ啊微信啊电话啊乱七八糟的玩意儿统统把W拉了黑。W同学就在校门口附近埋伏着等我去上课，我经过的时候假装没看到他，他就一路咳嗽一路在后面跟着我。没敢上前也没想过后退。

说实话那一瞬间我心就软了。

16

其实我不太喜欢收W送的礼物，没什么特别原因，只是从小就被教导"无功不受禄"，再说交往是因为喜欢又不是为了礼物，一涉及物质就感觉有点儿变味。但是W同学偏偏有点大男子主义，是超级喜欢送别人东西的破性格。

他又一次提议要送我手套的时候我就炸毛了："要什么手套！我戴了手套你还怎么牵我的手！你说！"

可惜W完全没有按照我设定的套路走，他忽然伸手拍了一下我的头，满脸的抓狂："你不戴手套，老是把手插在口袋里，我岂不是更牵不到！"

17

有一次和W同学友去奶茶店，等着老板调制奶茶的时候我看到柜台旁边的桌子上有便利贴和笔，一时少女心爆棚想写点什么，提笔又突然不知道该写啥。

最后我随便写了张"去哪里"超级敷衍地贴在墙上，等我去上个洗手间回来就发现W在我那张便利贴下面贴了句"我这里"。

追尾日记第五发

草帽儿先生

因为我不喜欢"四"这个数字，于是我决定任性地跳过它，顺便略过爆照环节。

别急着嫌弃我啊！

毕竟 W 同学莫名地有点迷信，相信"秀死快"之类的说法，同意我写文已经是极限。再者那个闷骚男至今也没有和我单独合照过，全是集体照，这一点我比你们更加心痛。

你问我 W 同学和我考上了哪所大学呖？我写这篇的时候成绩还没出呀，所以想知道的话就坐等第六发吧，才不是因为 666，而是"六六大顺"呀！

1

我不知道你们班的氛围是怎么样的，反正我们班女生总是互相抱来抱去（是拥抱不是公主抱！抱不动是关键），而我作为已经有主的家伙，依然成天和死党们抱作一团。W同学就时不时旁敲侧击地提醒，我暗自腹诽"干吗呀！连女生的醋都要吃啊！"就没搭理他。

然后某次月考前我搂着死党在和W同学讲话："这一次考试我是抱着必死的决心哦！"W同学在旁边故作懵懂地搭腔："你抱着的不是小D吗？"

……然后小D从此多了一个外号叫作"必死的决心"，然后我的死党们再也不和我搂搂抱抱了。心痛！

2

最近W同学喜欢学他中二的堂弟嚷嚷"错的不是我！是这个世界！"

我也是后知后觉地发现有点不对劲啊，那家伙不是说过我就是他的整个世界吗……？

我我我什么都没有干，本宝宝才没有错！

3

晚自习下课我去W同学教室门口等他，刚好我死党出来，一边促狭地啧啧啧一边蛮用力地拍了我胳膊一下，我埋怨好痛啊，她就推着我进了班里，说是让我找W"呼呼"（福建方言，只可意会不可言传哈哈哈）一下就好了。

W同学当时正在座位上整理一些老师临时安排给他的乱七八糟的学籍材料，听到声音后回头冲我死党就是一句"你别动她！"

不只是我死党，我也愣在当场了好吗，这忽然乱入的霸道总裁风是怎么回事啊……

4

离高考还有十来天的时候我老爸老妈开始严格控制我的饮食，担心我零食吃太多高考的时候拉肚子，丧心病狂地没收了我所有的零花钱。

W同学表示对他未来岳父岳母的决定十分赞同，但是挨不住我软磨硬泡一哭二闹三上吊，无奈地强调完"这是高考前最后一次给你买零食啊！"带我去了超市。

我抱着两桶薯片问W同学选哪种口味好，他伸手就接过我手里的两桶薯片都放进了购物车。哈哈跟着土豪出门真好，行动胜于一切言语。

5

我跟W同学说我好想养狗啊，猫也想要，小兔子和小松鼠也好可爱，啊还有小刺猬！我边说边手舞足蹈地比画如何如何用毛巾把小刺猬包起来，如何如何把它抱在怀里带出去玩。

"那样的话，和你抱一只榴梿在怀里有什么区别吗？"

"心里泪奔。"

6

我特别喜欢面食，尤其是超喜欢和W同学去吃学校旁边的那家汤粉王，高汤的味道够好，老板还不吝啬地给放很多料。（好啦，再描述吃的就要拉仇恨了。）

你有没有注意到上面那段话，我强调了是超喜欢和W同学一起吃，不不不，这不是在秀恩爱，和"跟喜欢的人一起吃东西更下饭"也没有关系，只是因为我每次都可以把青菜夹给他，然后他会把碗里的肉夹给我。

作为一枚食肉动物，我觉得W同学真真是天使。（好嘛，我没有在秀恩爱……才怪咧。）

7

老妈说一切为高考服务，要多吃樱桃补脑，此后天天让我揣上一小袋去上学。没过两天W妈妈也开始让W同学揣着樱桃去学校（讲真我也不知道W妈妈的行为是不是我妈传染的，反正她俩是认识的），此后我就每天得吃两份樱桃（不用猜也知道另一份是W的……哼难怪我胖了这么多！）。

W同学三令五申让我千万记住不可以把樱桃籽咬破，有毒。我吐槽他啰啰唆唆好像我妈妈一样把我当小屁孩，W沉吟了两秒钟后，痛心疾首地表示按我的性格真的很有可能在无聊之下咔嚓咔嚓地把樱桃籽啃破。

……好吧，我承认我是挺喜欢在嘴里嘎嘣嘎嘣啃东西来着。

8

在我的带动下W同学也会偶尔不务正业地跟我看看小说（当然了，我美其名曰劳逸结合），前不久看了《大哥》。

"我特想领养一只魏之远！"

"我也想。"

"不行！那是我的！"

"那好吧，我领养魏谦，到时候你的魏之远还不是要屁颠屁颠跟过来。"

……为什么连这种无聊的对话我还是占不了上风?

9

看了《咒怨2》之后我洗澡老是不敢闭眼，担心一睁眼面前突然出现一张血淋淋的脸或者洗着洗着突然多出一只手帮我一起洗头，但是不闭眼水和泡沫又容易跑进眼睛里，各种刺痛。

有困难就找W同学嘛，这是经过实践检验的真理。他也没安慰我不要自己吓自己，要相信马克思主义不要信鬼神之类的，大概他也知道这些话不管用，他就是给我整了副泳镜……

果然是理科生的神奇思维，我只想感叹幸好你们看不到我洗澡。

10

班上总是有那么个女生看谁都不顺眼的嘛，偏偏那家伙就坐在我隔壁组，同排。我自认为没有什么可以被指摘的地方，仍旧整天游荡来游荡去的，没想到的是她还是从鸡蛋里挑出了骨头，对另一个同学叽叽歪歪的时候不知怎么就让W同学听见了（也是悲哀……）。

（前方高能！）

"那个某帽啊，家里也不是很有钱，还整天逛淘宝，假装自己家财万贯。"

"家财万贯的人，哪个还逛淘宝？"

哈哈哈哈听说某女终于吃瘪之后宝宝根本就笑得停不下来好吗！咳，我没有幸灾乐祸，其实我是想告诉你们，常在河边走哪能不湿鞋？

11

W同学也是一个细心的人啦，举个例子，我跟他走路的时候掉了根眼睫毛到脸上他都能发现，然后帮我拿掉。（众人：呸！什么细心！明明只是视力好！）

至于什么抱胳膊是有点冷，不怎么说话埋着头是心情不好，总是比我先发现我鞋带散开了这些小儿科我就不跟你们提啦。（众人：呸！你明明都说出来了！）

12

W同学也是会像小孩子一样耍小性子的，某天因为我放学时一路和男闺密打闹说笑，让他自己一个人跟在我后面，就有点吃醋，去奶茶店的时候赌气不喝奶茶。

“你不喝我就喝掉了哦？”（伸手抱过他的奶茶）

（瞪我一眼）

“真的喝掉了哦？”（拿过奶茶插上吸管）

（把头撇到另一边，好像还噘嘴了哈哈哈）

“喏，都帮你插好吸管了，喝啦。”（把奶茶推到他面前）

然后什么矛盾都解决了，他都快把那杯奶茶喝出花儿来了。

13

“这本本子好漂亮！”

“给你啊。”

“这根笔好有特色！”

“拿去吧。”

“你好帅！”

“嗯，已经是你的了。”

14

讲真，现在看上去一脸高冷的W同学初中的时候也是非主流一枚，也曾经给我发过"如果有来世你希望我做你的谁？"这种脑残问题。

当时我跟他说，我希望你当我的侄子。大概是我表达得太委婉了，他啥都没有领会到，回了个"哦"就没影儿了。

看过《神雕侠侣》的都知道嘛，小龙女是姑姑，那杨过自然是侄子咯。

15

W同学送了我一桶曲奇饼和一罐瑞士糖。

"曲奇饼干好吃吗？"

"不好吃。"

"你好歹哄一哄我啊！我在超市排了十几分钟的队等结账的呢。"

"行行行！下次一定哄你。"

"那瑞士糖好吃吗？"

"……你想听真话还是假话？"

"（沉吟两秒）我知道答案了。"

追尾日记第六发

草帽儿先生

说到高考成绩还是感觉有点儿丢脸，我又一次在关键时刻掉了链子，分数差本一线十四分。然后W同学自称发挥失常还是超了本一线将近一百分（嗷嗷不说了让我先找个角落哭会儿）。

不过看在大家都夸我心态好的分儿上，我还是振作起来继续更新追尾日记六吧!

1

暑假还没开始前我就扬言要早起晨练，暑假开始之后各种"才开始放假先玩几天再说"说服自己的理由又很充足。结果一拖再拖，等到说好要和我一起晨练的W同学都被他爸带回爷爷家小住了，我才约了个妹子一起跑步。

看到这里你们可能也猜到了嘛，我又出状况啦。忘了带钥匙出门，爸妈去上班小弟又去上学，只好勉强打起精神拖着两条腿去找妈妈拿钥匙。路走到一半接到W同学的电话（呜不要问我为什么记得带手机不记得带钥匙，手机能玩吗钥匙能玩吗），我还奇怪这几天一直睡到太阳晒屁股的他怎么大早上的给我打电话呢，他就用早就料到一切的口吻说：“就知道你这家伙不靠谱又不着调，第一次晨练不出点意外都不像是你会干的事儿。”

　　“果然就忘带钥匙了吧。”

　　“虽然帮不到什么忙，好歹和你聊聊天解解闷，省得你走路无聊。”

2

　　原本和W同学约好二十号早晨去爬山看日出啊，结果我在十八号那天又吹空调又淋雨的，把自己折腾感冒了，还有点低烧。十九号晚上W同学就跟我说要取消爬山的计划，但我又不是个闲得住的人，就算生病也闲不住啊。

　　我打电话说我感冒好了，W说他又不聋，那么浓重的鼻音会听不出来吗？最后我表示只要睡一觉，第二天早上就好了！结果他回了我一句“不会好那么快的！”

　　知道的，是他在关心我，不知道的，还以为我们两有什么深仇大恨，在那可劲儿咒我呢，这傻子。

3

　　然而我的感冒悲哀地如同W同学预料的一样经久不衰，最后我在QQ上告诉他：上次你给我买的药吃完了（详见追尾二）。一个小时后我死党提着袋感冒药哐哐地砸我家门铃，说是W夺命连环call拜托她去买的。

　　理由是，那几天W同学在爷爷家，鞭长莫及。一是怕我偷懒不出门去看病买药，二是怕我出门偷懒不带伞风吹日晒雨淋加重感冒……

　　总觉得再这么放任下去，我的朋友们会一个个变成我的保姆。完了完了，我会不会变成时刻需要人照顾的智障儿童。

4

　　我暑假跑去深圳玩了几天，爸爸朋友的女儿约我去滑旱冰。我跟W说宝宝明天要去溜冰场滑旱冰啦！他脱口而出就是一句"争取摔得好看一点儿，不要四脚朝天"。

　　我说……就不能盼我点儿好？

5

滑旱冰回来之后我先向W同学表示玩过轮滑鞋的技艺高超的人没有摔倒，虽然看到别人摔下去总要不自觉地跟着一个趔趄。紧接着告诉他，滑旱冰才是撩妹必备技能啊，亲眼见到溜冰场里男生拉着女朋友滑，女朋友各种手忙脚乱快摔倒，和男生抱个满怀啊。最后遗憾地表示：可惜如果你跟我去溜冰场，会摔倒的人是你。

W同学："那我就让你撩一次，当找回场子呗。"

我不明白，为什么看到上面那句话我还是有一种被撩的人还是我自己的感觉。

6

从深圳回来之后，我跟W同学吐槽自己黑了一整圈，本意是等他安慰"一点儿都不黑啊""你在我心中永远是最白啊"。他安慰倒是安慰了，只不过是用力一拍我的肩头，气势磅礴地说："男子汉大丈夫嘛，黑一点儿怕什么！那才有男人味！"

是嘛？您老人家什么时候改变性取向了？

7

W同学说他在爷爷家一直在睹物思傻帽哎，我想着自己又没去过他爷爷家，就问他怎么个思法。

答曰："拆快递的时候想起你要表演徒手撕包装纸，结果被包装绳割了道口子的蠢样子。骑自行车经过小水沟的时候，想起你因为抬头看天上飘过的热气球，连人带车栽进排水沟的惨事……"

敢情我在W同学心里就跟个三岁小孩儿一样？能不能记着点我的好还有我的机智和帅气！

8

和W同学略微讨论了一下高考志愿。（看，我终于干了一件正事）

"学前教育学出来是不是只能当幼师呀？"

"你还可以考虑开一家幼儿园。"

可以，这个回答很W。

9

儿童节前夕我听闻W同学打算给我来一个零食大礼

包，急忙去找他，表示体重已经快突破三位数，这么点智商在他眼里本来就不够用，连体型都向着猪转化就不好了。

这时有旁听的同学提议送花束，W同学义正词严地拒绝："我们家帽帽是特别的女孩子，送花束太俗了。"

你问我最后W送了啥？用他的话说，是那些残败死去的花束不能比的，鲜活鲜活的……仙人掌盆栽。

10

今年的天气几乎是平均每两天下一次雨，偏偏学校要求高三每次考试都得清空教室（把所有学习材料背回家然后把桌子反向）。像我这么懒的人，平时都是把书一骨碌囤在教室的（嗯哼，文科生是有苦衷的，毕竟书太多），所以每逢清空考场就要背一大书包的教科书回家，偶尔比较少就自己背，特多的时候，嘿，反正还有W这么一个苦力嘛。

那天刚好要搬书，又下大雨，W帮我背着书包，怀里也抱着一摞书本，我要帮他撑伞被嫌弃不够高，让我负责把自己遮严实就好。

这样傲娇的家伙真是让人头疼呢，老是喜欢用毒舌来表达关心。

11

我给W同学的QQ备注是"铁血首相俾斯麦"，某天他拿我手机去玩，然后备注就被发现了。

当时他就笑笑啥也没说，没过几天他刚好给我发截图，我一眼瞄到他给我的备注："古怪机灵小妖精"。

12

我和W同学说，今天出门被公交车上一对情侣秀了一脸，男的拽着吊环，女的抱着男方的腰。

W同学表示："你都秀多少人一脸了，还怪别人秀你一脸？反正又不会是最后一次被秀。"

……好像有点儿道理啊？这不禁让我想起一句话：善恶终有报，天道好轮回。不信抬头看，苍天饶过谁。

13

某天正午时分我和W同学出门，他给我买了盒冰激凌一路挖着吃。这时走完了林荫道，前方是一片空旷的广场，W提议跑过去，我说我不怕晒，懒得跑。

"你会晒黑。"

"我不怕。"

"那么大太阳，慢慢走冰激凌会融化的。"

"123，冲吧。"

14

哦吼，想起之前和W同学吵架后他的一个小萌点。

我们俩走在路上一言不合吵起来，W大跨步地就往前面走，走了一段路之后回头看一眼，看到我还在跟着就继续往前大步走，看到我离得太远了还会稍稍放缓步伐，等我。

莫名其妙就被他难得的孩子气萌到了呀。

15

暑假刚开始时闲得无聊，我一时兴起去淘宝买了一盒一千块的拼图，然后在家里被拼图虐得难以言语，发说说求救结果招来一堆点赞的。

最后还是某W靠谱，帮我一起按拼图背面的字母分了类，不然那个拼图我还真得拼到猴年马月。

16

  和W同学去逛精品店的时候，他给我买了个铃铛的钥匙扣，我超开心地挂在书包上。因为太喜欢了，所以四处蹦跶的时候走到哪都背着书包，然后整条路都是当啷当啷当啷啷的响声。

  我跟W说感觉我自己就像一只已经被驯养了的猫咪耶！刚说完我的左眼皮就猛跳了两下，果不其然，W同学不假思索地接道："铃铛响了一路不是比较像黑白无常啊，湘西赶尸什么的吗？"

  ……我去你的黑白无常！去你的湘西赶尸！

17

  前不久我发了一条附上一张淘宝的购书单的说说："谁都不要再来约我出去了，我要在家养病在家长草！我已经穷到要去吃土！《相对论》什么的才不是我要的，是给某理科生的！"鹿息小朋友在底下评论："啊W先生，嗅到了恋爱中的酸臭味。"

  咳，我这个人吧，比较羞涩，又比较口是心非嘛，脑子一抽就统一回复了"啊不是哦，我说的理科生是一个女孩子啦！"

初始打算是坐等着鹿息戳穿我，结果她直接就相信了我的说辞。

结局就是W同学看到那条说说之后差点儿炸裂……

18

某次和W同学的聊天记录。

> 感觉你在嫌弃我！是不是在屏幕那头冷笑！
>
> 你的脑洞都可以住人了……
>
> 一直住着你！
>
> 可怕。

终于在末尾扳回一城，么么哒~

追尾日记第七发

草帽儿先生

我写这期追尾的时候恰逢七夕，刚好看到了冯唐的一首诗，忍不住就想借花献佛抄在这里，送给 W 同学（也送给你们）。

适应这个世界最好的方式是写作
烦的时候我就写写
忍不住的时候我就写写
想你是否会成为另外一种方式呢
烦的时候我就想想你
忍不住的时候我就想想你

W，烦的时候忍不住的时候我就想想你，后来我的笔下写的全部都是你。你已经成了我适应这个世界最好的方式啊。

1

某次下小雨W同学没带伞，我们又闹别扭，两个人都在气头上，我一气之下举着伞闷头在前面走得飞快，走到公交站的时候停下来等车顺便偷偷等一下那个傻子。我一个同班同学（男生）没带伞刚好也在站牌那等车，看到我就特兴奋地招呼我去帮他遮风挡雨。

宝宝心里苦啊，我寻思着W同学没一会儿就到这儿了，要是看到我撇下他去遮另一个男生，就真的要吵架吵到天翻地覆了。但是同学一场我又不好拒绝，就颤悠悠地挪了两小步把伞递过去一点儿，没遮全，伞面倾斜着，雨滴顺着伞骨就滑进了男同学的脖颈里……

最后男同学大概是忍无可忍，冲着不远处满脸"哼我才没有看到你们"的W同学嚷嚷，"把她带走！帮忙遮个雨都身在曹营心在汉，我的脖子是无辜的！"

W同学听完就莫名欢快地走过来接过我手里的伞，Excuse me？男同学的哪句话取悦了他？就这样和好了？

2

我在家里四处蹦跶的时候把腿撞伤了，大致过程就是我本打算跑向客厅，结果操作的时候产生了一点儿误差，"哐"地撞上床角，小腿中部的一块肉以肉眼可见的速度肿了起来还伴随紫红色的变色效果。我冲W同学抱怨时号得那叫一个惨啊。

"没事，用力在伤口拍几巴掌就好了。"

"会痛啊喂！"

"原来你还知道痛啊？以后还敢不敢走路不看路？"

呜呜呜人家是来求安慰的，才不是想被你当成小孩子教训。

3

"啊哟，我发现放假一个月我连字都不会写了，写几个字就要查一下字典。"

"聪明它追着你跑，但是你跑得比它快。"

"我……"

4

以下这段对话发生在我被鬼故事吓到找W同学寻求安全感之际。

"既然会怕，以后就别老是看恐怖小说。"

"可是我对恐怖故事很有兴趣啊。"

"鬼对抓你也很有兴趣。"

泪流满面中，你们知道和一个总是把天聊死的人聊天是多么痛苦的一件事情吗？

5

刚在一起那时候我也问过几乎所有女孩子都会问男朋友的问题。

"你说我们俩会有将来吗？"

"我就是你的将来。"

所以说当W同学发现我手机通讯录里给他备注"将来"而不是"亲爱的"之类亲昵的称呼时如遭雷击，也不能全怪我啊对吧？

6

我和W同学高中时一起在学校附近的快餐店吃饭（饭、汤、菜都需要自取），他总是让我在座位上呆坐着，美其名曰"照顾好桌子"（桌子有什么好照顾的）。不过是怕我打汤的时候溅到自己，怕我打饭端菜不小心会被碗烫到。

其实我都知道啊，不是W同学真的觉得我有多傻，只是发自内心的一种爱护（W默默表示他真的只是觉得某草帽太傻）。

7

你们也没办法想象W同学撒娇的样子对不对！但是他就是会啊！比我还娴熟啊！

（来自W同学的一个窗口抖动）

"干吗？"（不解风情的我）

"才不是想你了。"（哟听听这傲娇的口气）

"没救了"（哼我才是最酷的人）

"你是我的药"（妈呀画风一变）

"毒药"（拆台小能手）

"以毒攻毒是最好的解药。"（得，我认输……）

8

我有一句说顺口了的客套话叫作"路上注意安全"，跟W同学当然也这么说过，然而当时他在长途大巴上。

"我注意不了，注意也没用。"

"你去抢方向盘。"

"那才真会出事。而且我得负事故的主要责任。"

"咱就是开个玩笑，你这么认真干吗。"

9

W同学暑假没过多久就去了他爷爷家，可我的少女心在这个暑假才刚刚复苏啊！没有男朋友陪我逛街啊！

最后我们开启了一起逛淘宝的剁手之旅，呦呵，我才发现W同学眼光独到，每一件衣服都能被他数落得抬不起头来，为我节省了无数金钱。

呀，不行了我假装不了平静了，我得先去臭骂他一顿才能回来继续写！

10

好啦，我骂完某只消气啦回来继续吐槽。

大概是因为没怎么消停地一直跑出去玩，我这个暑假一口气瘦了六斤，特地告知W同学后，他没什么特别的表示。

我说我可能暑假过完就能作小鸟依人状了，你不满个啥。

他答："本来就依人啊。"

我真的不想承认当时我满心欢喜，唔，因为后面那家伙紧接着的话就是赤裸裸的打脸。

"小猪依人也挺好啊。"我去你的小猪依人！挺好你个头！

11

有时候我也会悄无声息地配合一下我们家W同学稍微的大男子主义。他们家是没有人抽烟的，W同学对烟味很不适应所以特反感，我呢，从小在舅舅的吞云吐雾里快乐成长，早就能面不改色地默默忍下。

但是一个大男生怕烟味讲出去多难听啊，每次去小餐馆啥的地方吃饭，不可避免地会遇到有人抽烟，那时候我就故意夸张地皱眉头（虽然W同学说我看起来整张脸都皱成一团），然后他就能堂而皇之地以"我女朋友不喜欢烟味"去把窗子打开透气。

啊哈我也觉得我特别善解人意。

12

为什么你们会觉得W同学是个无所不能的暖男？难道是因为学霸设定？不管啦，反正我要任性地爆他黑料！

我有个亲戚在糖厂工作的嘛，每逢节假日回来都给我带好多糖（哈哈哈你们羡慕不来）。我在早晨上学的时候带了一把棒棒糖给W，跟他强调"必须自己一个人吃完"。结果他不知道怎么听成的"下午要吃完"，当天晚上跟我抱怨糖吃多了好像有点上火，牙也痛。

少年郎，你应该去看看耳科和牙科医生。

少年郎，你这样让我很无奈又很心疼，我不知道该不该骂你了。

13

鉴于刚刚写W同学的黑料，想了想怕他之后看到样刊会揍我，所以只好自黑一番好让他平衡一下。

初中时候W同学是我前桌嘛（班主任按名次排的座位，没办法臣妾的成绩一直被碾压从未反超越），有一回英语老师在课上问How many toes do you have？（你有多少个脚趾？）单词意思背串了的我以为老师问的是指头啊，超级响亮地回答："Twenty！"

呜呼哀哉，这个梗让W同学笑了整整一年。

14

就在刚刚，我这个英语三级残废生怕连上面那句英语也写错（那丢脸就丢大发了），急忙窗口抖动W同学求救。

"你这是准备出国吗？"

"就算要出国，有突然问人家你有几个脚趾头的吗？"

"你写错了。"

"臣妾惶恐！请皇上赐教！"

"少了个问号。"

好吧。

15

我这个人吧，就是大病不患小病不断（可能像W同学说的我只是太懒了缺少锻炼而已），三伏天里都能感冒，更别说寒冬腊月啊。

某次冬季感冒又喉咙发炎引发咳嗽，医生给我开了好几小袋咳嗽口服溶液，我委屈地冲W同学哭诉大冬天的喝凉的药水真的透心凉心飞扬。于是上课铃响他离开我们教室的时候也拿走了我的咳嗽药，据说上课的时候握在手里焐了一节课，课间再送过来让我喝掉。

唔，怎么描述呢，就是忽然觉得很有底气去反驳表姐告诉我的"不多谈几次恋爱，一点儿经验都没有的你，要怎么知道遇到的是不是对的人？"那一瞬间的笃定让我觉得，没有很多谈恋爱的经验又怎么样？无论以后会遇上多好的男孩儿，我都不会把W同学换掉。

要等他娶我的。

花成海，心向阳

七八岁的清早慢悠悠

三倾荟

伏在桌上写完日记后，借着台灯的光，我发现前几周买回来放在宿舍桌上的小盆栽垂垂老矣，枯黄的叶片蜷成一团，蔫蔫的。心底漫过一丝难过，北京的春天该是最美的季节，校道上是一树一树的花开，我原想给宿舍也带来一点儿绿意。

明天吧，明天如果还没有好转的话，我会把小盆栽扔掉。一头栽到床上的时候，我这样想。梦里我回到了有很多很多盆花花草草的小时候。

即便前几天过十九周岁生日的时候我还一本正经地跟好友强调"我永远十六岁"，但当我无所事事地晃荡在外婆家旧式的二层楼房里的时候，意识突然从迷迷糊糊中升腾而起，让我从梦里惊醒。我意识到，梦里的日子已经离我很久很久了。

认真数起来的话，都是十几年前了。那时的我是一个每天早起的小孩儿。

或许你要问，一个七八岁的小孩儿早起干什么？

我早起一般做两件事，一是浇花，二是蒸馒头。

在我的回忆里，要好一会儿，才能找到小时候那些个泛着花香和馒头香的清早。好在回忆非旧书，只要记得，哪怕再久不翻看，记忆也不会泛黄和褪色。它们一直待在我的回忆里，虽然有些零碎，但努力拼凑，依旧可以看到一个大致的轮廓。

那些个清早，在一个旧式的二层瓦房中，有一个小小子似的姑娘，顶着蘑菇头，只比栏杆高出一点儿，却拎着个头不小的水壶，颇有些艰辛地给栏杆上一字排开的十几盆盆栽浇水。因为个子还不够高的缘故，小姑娘不时要踮起脚尖，水壶里的水也因此总是不时洒在她的衣角上。看到这一幕，你一定不要以为她是天性勤劳，很可能只是环境所迫。

不过，当时的我还不会用"环境所迫"这个用来表被动的高级词语，每天一只手抱着水壶一只手等候在水龙头上方时，我的内心写满的是尚且不会形容的苦楚。

七八岁狗都嫌的年纪，不应该每天四处串门溜达吗？为什么我要每天早早地起床，先给花浇水，再置办一家子的早餐呢？

都怪教书阿姨。

教书阿姨是我的五姨，我所指的一家子，便是七八岁时住在外婆家的我们俩。那时我爸妈外出打工，外婆一家搬到山上的另一处房子看管虾塘，这栋两层的房子便空了下来，只剩下刚刚师范毕业回乡教书的五姨以及需要留在家里上学的我。

就此，我们开始了一大一小的同居生活。

五姨就在我就读的小学教书，我们每天一起放学，但从来不一起上学。因为五姨喜欢睡懒觉，她也不需要和我一样去上早读课。因而，虽然我们相处的大部分时间是五姨照顾我，但在她起不来床的清早，我要照顾我自己，还有她的花花草草。

五姨每隔几天就一盆一盆地往家里搬各种花草，当她将废弃了的烧水壶重新利用为浇花的工具时，我好奇地站在一旁看着，五姨也乐于边浇水边跟我讲解如何浇花，被她浇过水的花和叶子们都在阳光下闪烁着光芒，我觉得很美，并没有及时预见之后自己的悲催岁月。直到某一天浇完花后五姨摸摸我的头，说："你以后起床要记得浇花哦，这些花就交给你了。"

什么？十几盆花欸！又不是一盆！

在我的强烈反抗之下，五姨轻松地用晚饭后我可以不洗碗的权利换来了我的妥协。

　　一天两天，刚开始对花的新奇散去之后，早起浇花这件事开始变得无聊。我有时会偷懒，不用水壶浇水，而是用手颤巍巍地从水龙头处捧水，象征性地在花草的上方洒上几滴，从空气中滑落的水滴大概要多于落进花盆里的。

　　不过我喜欢看这些花花草草，福建沿海的天气湿热，花们的花期都很长，即便是不开花的植物也从来不枯。我现在也还记得它们的样子，其中有株长在花盆里的榕树，延伸而出的树根刺破了塑料花盆，像胡子一样的细细的根垂往楼下，如果我长得高点，站在一楼是可以摸到的。我最喜欢玩的是含羞草，它的叶子真的一摸就会卷起来，周末的时候我常常喊同学来家里参观。

　　浇完花后，我需要做的事情是准备早餐。其实我需要做的只是早点将冰箱里的速食牛奶小馒头拿出来解冻，然后放到电饭锅的蒸板上蒸上几分钟。我吃完自己的份后就到学校上早读课，在电饭锅里继续温着的就是五姨的早餐了。

　　早上的课结束之后，就到了午饭时间。五姨会牵着我的手，领我走一段蜿蜒曲折的山路，穿过一片小小的树林，到山里面外公外婆的住所去一起吃午饭。路有点长，记得有一段窄窄的山路，两旁的岩壁上密密麻麻地长着许多家里没有的植物，叶片很美。上初中的时候，我在生物书上才得知，原来它们就是蕨类植物。路上，五姨常会带着我摘点花花草草，很多时候是长长的野草，我们用草的末梢彼此挠痒，一般我都会认输，然后外婆家就到了。那时长长的路程好像总会很快结束。

晚饭是在家里吃的。我不挑食，按五姨的话说，"有蛋和酱油就够了"。所以大多数时候五姨也都做得极其随便。我们的晚饭不煮汤，五姨会让我到邻近的商店里买一瓶罐装的可口可乐来两人分食。在那段时间里，我甚至练就了可乐配酱油拌白米饭的本领，在当时的我眼里，那不亚于一顿饕餮大餐。

长大后回望，模糊的记忆中只有这些零零碎碎的片段还清晰着。这段早起的日子不长，夹杂在回忆里一大家子人热热闹闹地住在外婆家的漫长时光中，总显得有些失真，像一场梦。可我却总还记得玫瑰开花的时候我将鼻子探到花前闻到的花香，记得给花浇水后微微的泥土味，记得打开蒸锅的瞬间牛奶馒头满溢的香气。

那个像男孩的姑娘一个人忙活着浇花蒸馒头的清晨，她都在想些什么，我已经忘记了。但我想，这些留在我体内的记忆，或许恰恰证明，在需要早起浇花蒸馒头的日子里，男孩似的姑娘她过得还挺开心。

嘿，你说，人是不是在梦里一瞬间长大的呀？

梦里，让我意识到这是个梦的瞬间，是我站在外婆家一楼的院子里，仰起头，扯住了二楼那株榕树的根。

我怎么都想不起来，究竟是哪一天，我可以轻松扯住那株榕树的根的。也想不起来，究竟是哪一天，我不再是一个每天早起的小不点。上大学后偶尔早起，没有花，也没有冰箱里的速食牛奶馒头。

　　我有点想念它们，也有点想念那个小小子似的姑娘，和她慢慢悠悠度过的七八岁。

亲爱的小孩儿，今天不会哭

庚　渊

1

我非常非常胆小，与童年的经历密切相关。

小时候是整个家族住在一起，有六七个小孩子，我的年龄处于中间，于是总是跟在哥哥姐姐们后面玩，她们玩什么，我也跟着一起。

那时候叔叔家有一本鬼故事书，大孩子们就拿来看，我也好奇，在她们后面一起看。

这一看，从此我的夜晚再也不安稳了。

那本鬼故事书里的每一篇我都细细地看了。看的时候我并不觉得什么，可是回想起来，简直毛骨悚然。

日有所思夜有所梦，从那以后，我几乎每天都会做噩梦，我梦见过世界末日，僵尸、坟墓、被追赶，各种骇人恐怖的事件每天夜晚都在我的梦里上演。我总是会被梦惊醒，有时醒来额头全是冷汗，有时会被梦里恐怖的场景吓到叫出声。

印象最深的一次，我被噩梦惊醒，大半夜的，我哭着去敲妈妈的门，告诉她我做噩梦了，不敢一个人睡。

那时候我怕鬼，闭上眼睛时总是十指相扣，嘴里念着上帝请保佑我。而后来，我变成了怕盗贼。

六年级的时候，家里遭了贼，而那个贼进的就是我和姐姐的房间。

那是凌晨两点左右，我和姐姐睡在两张床上，姐姐的那张靠近门。我们的房门从来没有上过锁，小偷顺便进了我们房间。

我记得姐姐的描述：她迷迷糊糊地感觉到有人坐在她的床尾，她以为是我去上厕所回来，就叫了一声我的名字。那时我睡得挺熟的，并没有听到声音，自然没有回应她。她感觉有点不对劲，又叫了一遍我的名字。

那个小偷当时正在翻姐姐放在床尾的书包，听到姐姐连续叫了两声我的名字。第二次叫的时候，小偷拔腿就跑了。姐姐立刻清醒过来，追出去大喊："有小偷啊。"

她不断的叫喊声把整个家族的人都叫醒了。小偷沿着楼梯跑到了一楼，他想从大门出去，不想大门上锁了，便跑去了北面的厨房。

大家都从房间里出来，大人们小心翼翼地下楼看情况，才发现原来厨房窗户上的铁杆被撬开了，小偷就是从那里钻进来的。

后半夜我吓得抱着枕头不敢睡，住在家前面的姑妈从窗户探出头问我怎么了，我眼泪唰地流下来，没错，是被吓哭了。

我从很小的时候就是一个多梦的人，家里遭遇小偷以后，我便常常开始做关于强盗小偷的噩梦。那是比梦见鬼更让我害怕的，因为那时我长大了一些，已经觉得世界上没有鬼了，但是我知道这世界上黑心的坏人太多了。

我做过太多关于强盗小偷的梦，每个梦都让我醒来时瑟瑟发抖，梦里的感受实在太真实，有一段时间我甚至不敢入睡。

因为害怕，那之后很长一段时间，我都会备一根木棍在我的床边，以此来壮胆。也仍旧会在害怕的时候祈祷上帝保佑我。

怕鬼、怕贼、怕凶神恶煞的人和物。遭遇这些经历，让我变得非常胆小，高中以后，我已经不再看任何鬼片和恐怖片了。我不敢看，是真的不敢。

我是那种心惊胆战的人，稍微有一点点吓人的画面，都会让我尖叫。我不是故意要小题大做，只是过去受到的惊吓直到现在还留在我的身体里，影响着我的大脑和行为。

2

我怕的东西很多,不只鬼和贼,我还特别怕车。

幼儿园的时候,每天上学要过一条车子很多的马路,但那时的我还不怕车,父母并不担心我,都是我一个人过马路。

小学二年级的时候,我和堂姐一起回家,在过马路的时候我不小心把堂姐的零食掉在了马路中央。堂姐要求我去把零食捡回来,那时候路上车有点多,我有点害怕,但她态度强硬。我知道是我的责任,便站在路边等车少一点儿。当我觉得可以去捡的时候,我便跑了过去。我没有注意到,不远处,有一辆大巴车正以飞快的速度朝我开来。

当我冲到马路中央蹲下去捡起零食的时候,车主才看见我,我仍旧记得刺耳的紧急刹车声,更不会忘记大巴车司机探出头破口大骂的情景。

那时,车子和我的距离,仅有一个成年女生的肩宽。

我吓呆了。

我吓得在原地不敢动,听他骂了好久,然后他叫我快点儿滚。我抱着零食飞快地跑向了马路边,脑袋嗡嗡作响。

那是我活到现在,离死神最近的一次。

那次经历给我留下了阴影,之后我很害怕一个人过马路，就算车子在很远的地方，我也一定要等它开过去了我再走，每次过马路我都会花很多时间。

我更不敢过那种几个岔路又没有红绿灯的路口。甚至高中时，学校对面的停车处到校门口那条窄窄的小路，我也因害怕来来往往的自行车和电动车不敢走过去。每一次我都会跟着别的学生过马路，别人走，我就跟着别人走。那比我自己走安全多了。

上了大学，我依然不敢过马路，就算是在校园里也是一样，每次要过马路，我都会紧紧地挽住室友的手。有时候我觉得车子要开过来了，就不敢走，拉着室友说："车，车要开过来了，别走。"室友就强拉着我走，说车还很远啦，我就被强拉硬拽地过了马路。

事实证明，她们是对的，那些我以为很靠近，只要我走过去就正好会撞到我的车子，其实真的没有那么近，按正常的速度走过去完全没有问题。但我仍旧害怕，尽管知道这个道理，我还是在下一次，下下一次做同样的反应。

3

在童年的阴影里长成大人，心里却还装着那个被可怕的场景吓得脸色苍白的小孩儿。我没有能力回到童年去阻止这一系列事情的发生，如今回想起来，是对过去自己满满的心疼，心疼那个半夜被噩梦吓哭的小女孩儿，心疼那个差点和死神相遇，从此不敢过马路的女生，心疼在梦里和盗贼正面相遇恐惧到绝望的自己。

我不能阻止那些糟糕的事情发生，但我知道，那些事都过去了，虽然它们在我的心里留下了潜在的阴影，但是，真的都过去了。

现在的我，在一点点地变好，一点点地勇敢起来。

亲爱的小孩儿，今天没有哭。

花成海，心向阳

夜深忽梦少年时

苏　遇

我仿佛做了个很长的梦。

昏黄的灯光，暗旧的矮桌，桌上摆着两三个碟子，看不清里面盛的是什么菜。桌旁坐着两个老人家，老爷爷不时端起酒杯，啜一口满足地咂着嘴。老奶奶转头说："我给君君打个蛋花汤吧？"

君君？宋君。我才反应过来，面前的这对老夫妇是我的爷爷奶奶。

七岁那年，我成了万千留守儿童中的一名。

我上学的第一天，爷爷一路送我到学校，看着我乖巧地把书从白雪公主书包里掏出来摆在桌子上，他才跟我摆摆手示意他要回去了。班里在上早读课，孩子们摇头晃脑地念着"天安门、故宫、颐和园"，爷爷又折回身来站在窗户外面喊，声如洪钟："小波啊，放学了你要等着我们君君一起啊，她一个人不认识回家的路！"

全班哄堂大笑。我脸腾的一下红了个透。

孩子们继续小和尚念经似的摇头晃脑，前桌的小伙伴转头看了我好几眼，我知道她在偷看我，但我装作没看到。她终于忍不住了，"你怎么不读呀？你是不会吗？你不会的话我可以教你的呀！"

我低下头不说话，她等了一会儿觉得很没劲，也就不理我了。

这些字我都认得的，我不是骄傲，我只是害羞。又或许，她觉得我不会，而且还找不到回家的路，这人肯定笨死了。我懊恼地用手指反复绞着我的公主裙。

晚上回到家，我的腿被嬉戏在草丛间的飞虫叮了很多包，红肿着，痒极了。奶奶在药箱里翻翻，找着一个硬笔大小的圆形红瓶，打开盖子里面是白色的药膏，我不知道那叫什么，奶奶说这叫"清凉油"，涂上就可以消肿止痒了。她动作轻柔又非常仔细地把药膏均匀地抹到我的腿上，可是火辣辣的，我忍不住要哭。奶奶忙冲我的腿吹气，一边心疼地安慰我："不哭不哭，很快就好了。"而后又自顾自地轻轻叹气。

第二天上学，照例是爷爷送我去的。临走时还在学校的小卖部买了两小袋绿蚕豆。我研究了好久，想起从前在苏州上学时妈妈经常告诉我的：那些小店里卖的东西都是不干净的，只有去大超市买的东西才可以吃。我想了想还是决定扔了它们。

"给我吃吧!"前后桌的两个小女孩儿一同跟我说。

我吓了一跳,然后怯生生地分给她俩一人一小包。有个女孩儿笑起来眼睛弯起来,像月牙一样,真好看。

这天回家,腿上没有被虫子咬。奶奶说:"爷爷下午没下田,拿着镰刀把从家到小学的那条长长的羊肠小道两旁的野草给割了个干净! '这样我的大孙女儿白白嫩嫩的小腿就不会有红包啦! '"

我坐在村头古老大树下的石墩上百无聊赖地抠着手指,突然映入眼帘的是一大捧覆盆子,用碧绿的粽叶包着衬得果实晶莹剔透的红,好看极了。我忙伸出两只肉乎乎的小手接过来,仰着头冲着爷爷开心地笑,爷爷说:"还笑咧?君君你门牙都没啦!"我说:"爷爷,你自己都没有牙齿的咧!"爷爷也不生气,还是笑。然后扯了扯我的羊角辫,"回家吧!奶奶待会儿该叫了!"

夕阳将爷孙俩的影子拉得很长,很长。

北风呼啸着,我却好像感觉不到冷似的。但我确信这是冬天,门前的桂花树枝丫上尚有残雪,地面有爆竹的红纸屑。我正小心翼翼地剥开大白兔奶糖,乳白色的糖还有一层薄薄的胞衣,可爱极了。我放进嘴里,奶香味仿佛直沁入了心底里。

"君君!过来!"爷爷招呼着我。我忙站起来屁颠儿屁颠儿地跑过去。爷爷把手里的纸钱分给我一小半,跟我说："给祖宗烧纸钱，祖宗们会保佑我们君君将来考名牌大学！"我点点头很认真地说："爷爷，我要上北大的，我听说北大是教语文的，我最喜欢语文！"爷爷含糊地应着，我猜他并不知道北大到底是不是名牌大学。他将纸钱分成好多沓，每往地上放一沓就一边跟我说："这是给你祖爷爷的，这是给你祖奶奶的，这是你舅爷爷的……"

年味儿渐渐褪去，爸爸妈妈透过大客车的窗户对我说："爸妈去给你和弟弟挣大白兔奶糖的钱喽，你们在家要乖乖的呦！"

爷爷很奇怪，他的睫毛会长进眼睛里，哥哥在的时候会拿金属镊子将睫毛夹出来，否则睫毛会刺痛眼球。哥哥去当兵之后，爷爷就把镊子郑重其事地交给我，仿佛这是一件了不得的传家宝。

吃饭的时候，爷爷用着有些讨好的语气说："君君，吃完饭帮爷爷夹一下睫毛啊。爷爷的眼睛痛死喽！"我端起碗迅速扒拉剩下的几口饭，说："今天数学老师布置的作业可多了，我吃完就得去学校赶作业啦！明儿中午再帮你弄哈！"搁下碗，接住奶奶递过来的塑料水杯一溜烟儿就跑出了家门。

很奇怪，我仿佛走了很久，可脚下的路仿佛望不到尽头，周围被大雾笼罩，我看不清前方，我心里有点儿慌。于是停下脚步折过身往回跑，拼命地跑，奶奶家的老屋就在眼前，伸出院墙外的杏树枝，土墙上斑驳的"农业学大寨"字体，破旧的小木门紧闭着，我急切地扑过去推门却怎么都推不开，我急得眼泪都要出来了："爷爷，你开开门呀！我帮你夹眼睫毛，爷爷我骗你的，作业早就写完了！爷爷你开开门呀！"

门还是紧闭着。我突然想起了些什么。

这不是真的，这是梦吧。爷爷平时几乎不会生我气的，更不会不理我的。这一定是梦。

可是我醒不过来，我甚至依稀听见室友走来走去的脚步声，我感觉自己的身体仿佛被什么东西往下拖着，深陷进回忆的沼泽……

今天清明，算一算，爷爷去世已经有十年了。有人说：人的细胞每七年会全部更新换代一次，所以再大的伤痛七年的时间都能够抹平。可是这十年里，我没有哪怕一刻忘记过爷爷。

我已记不清是从何时起变得像如今这般患得患失了，也许是十年前爷爷的去世，也许是姑姑的车祸，也许是远亲近邻的突然离世，然后觉得死亡是这个世上最让人无力的事了。车祸、癌症这些真的不仅仅只是韩剧上才会上演的戏码。它们曾那么真切地发生在我认识的在乎的人身上，于是爸爸妈妈晚归我会乱想，奶奶没接我电话也会乱想，宋墨放学好久还没回家我更是把所有不好的可能性都想到了，当他们再次好端端地出现在我的面前，蓦然感动，没有比活着更好的了。

其实，究竟是什么让我们变得这样患得患失已经不重要了。重要的是，在我们身边的应更加珍惜才是。把握住那些我们能把握的，那些"乱想"反而会让我们更加认清那些人对你而言有多重要。关于回忆，好的不好的都是让你走得更远更好的力量罢了。

"嘟嘟嘟————"电话接起。

"奶奶，我想喝你做的蛋花汤了。"我说。

花成海，心向阳

赵洪硕

太阳一点点攀爬出地平线，晨曦透着光。我在这样的清晨醒来，神清气爽，倏忽之间宛若隔世，梦一场。

梦中我与哥哥奔跑在那金色的无垠的葵花田中，阳光穿过葵花硕大的叶子，轻软的、温柔的，散落满地。

小时候，每年秋天都会跟随祖母回到乡下的老家，远远望见成片的花海，荡漾着金色涟漪，内心总会澎湃不已。我喜欢掰下葵花叶子苫在头上当遮阳伞，小小的脑袋顶着大大的"伞"，十分滑稽。哥哥大我三岁，我们时常趴在垄沟里捉蟋蟀，衣服和脸蛋儿沾满泥土，相互对着哈哈大笑。虽然每次都难逃大人的批评，但却乐此不疲，一有机会就跑了去，闻大自然的清香，听向日葵的生长。

许多年前，祖母弯驼着背，葵花籽们丰腴饱满，簇拥进大麻袋里。和着叫卖声，沿着繁华都市的街路，编织着那段艰苦岁月，于每一份失去阳光却又无法入梦的时光里游离。

幼时记忆中的葵花，具有一种神奇魔力，它能将人们的心牢牢拴在一起。

年少不知愁滋味，对于世间大多情感懵懂无知，却深刻记得葵花籽的味道，给我许许多多温暖。逢年过节，大伯和叔父们来家里与奶奶团聚，如同向日葵的花盘，一颗颗葵花籽拥挤在一起。一家十口人热热闹闹地围着圆桌，而在圆桌的中央总是摊着一大堆炒熟的、颗粒饱满的黑色瓜子，这是祖母早早就精心挑选好的、最上等品质的葵花子。男女老少一边磕着香喷喷的瓜子，一边嬉笑唠着家常。而众人嗑瓜子发出的噼啪声此起彼伏，好似一曲交响乐，歌唱着欢乐。

犹记除夕之夜，听春晚倒计时，透过窗棂上冰凉的霜花，看着色彩斑斓的烟火。我裹了一身喜庆的红色，撒娇般央求着祖母为我扒瓜子，祖母总是笑着应了我的请求。当一大把瓜子塞入口中时，我怔住了……我尝到满口的幸福。而那香气，也成为我童年不可替代的幸福滋味。次日晨时，灶台下最后的秸秆噼啪作响，跳跃几点火星，承载着某种温存划过的记忆，深深地烙进我心。

俯仰间寒暑，一瞬息春秋。

后来，我离开那片葵花田，到遥远的市中心上学。祖母总是守在电话机旁，而我每天忙忙碌碌，来不及问候。

这日，电话响起，沙哑的嗓音充满孤独。

"硕儿啊，怎么不接电话呢？是不是没时间啊……"

"不是的奶奶，刚刚没听到。"我连忙回答。

"噢，其实……我也没什么事……就是想听听你的声音……"电话那边支吾起来，我听着听着鼻子一酸，变得哽咽。

"硕儿啊，奶奶给你炒了一兜子的香瓜子，你最爱吃了！你学习忙，回头让爸爸送过去。"

"奶奶，我明天就回去，我们一起吃！"

爸爸说，奶奶一直担心打扰我学习，从不主动打电话给我。这次她打电话过来，是因为昨晚做噩梦，梦见把我给弄丢了……次日，我回到奶奶身边，依偎在她怀中，一粒粒嗑着瓜子。有泪水滑落，流进口中却不是苦涩，一粒一粒的感动弥漫于唇齿间，香甜芬芳。

对于葵花的情思，在洒满碎金阳光的乡间悄悄滋长，在钢筋水泥之城里蔓延，是童年永不泯灭的记忆，是平凡人间真情的载体。

阳光透过窗子，暖暖地洒在身上，嘿！新的一天开始了，洋溢着葵花香。

黄昏同我归来缓

赵梦晴

　　我的老房子里，藏着我童年的糖果。

　　"儿童散学归来早，忙趁东风放纸鸢"。童年资金有限，买零食的钱总觉得不够，买不起风筝，只能眼巴巴地看着别人放。爷爷不知道从哪里给我捡来一个破风筝，也许是别人不小心挂在树上的吧。即使是这样我也很开心啊，用报纸把破的地方粘一粘，就带着满腔兴奋出发了。开心地在堤边跑啊跑啊，看着自己的风筝摇摇摆摆地上去，心里装满了欢喜。

　　老房子后面有很多的果树，枣子树啦，柚子树啦，橘子树啦，每年秋天和奶奶去摘枣儿，我总是先开始摇着树干，奶奶说不要摇，枣儿都摔坏啦。可我那时太矮啦，够不到枣儿呀，还是一个劲儿地摇，然后自己跑着、捡着、吃着，特别满足。邻居家种了两棵枇杷树，那时候好想吃啊，可每次一成熟，那些长得低一点儿的枇杷就被人摘走了，我只好在它还没成熟的时候就去把它们摘下来，在家等着它们成熟。被发现之后，邻居每次摘了就送我一些。投桃报李，我和奶奶摇了枣儿也送过去一些，一年一年地成了习惯。后来邻居家的奶奶去世了，枇杷树也伐了。

我的小学时光，藏了好多我的小秘密。

回爸爸妈妈身边念书之后，我一直都是乖乖好学生。当我被放养在老家的小学里时，才不是这么乖呢，早上经常迟到。跟着小伙伴在村子里瞎转悠，挖蚯蚓，钓龙虾，跑到好远的地方去摘人家的莲蓬。吃完饭奶奶会背着我去学校。可是早上真的起不来啊，小小年纪就贪睡。趁着放假，我们一群经常站校门的小伙伴合力把学校的院墙挖了一个洞，说是我们挖的其实也不太准确，因为原先有一个小洞，我们只是把它扩大了一些。这样，每次就从洞里进，然后等老师转身写板书时就立马溜进教室，天长日久的还溜出经验来了，刚开始总是被老师看到，后来很少被发现了。

我的小伙伴们，我们曾一起奔向世界。

上学除了念书学知识，还有一个不容忽视的好处——结交朋友。小学时代啊，全班都是我的朋友，全村都是我的朋友，有种遍地是朋友的感觉。大家在一起去折竹子做弓箭射鸟啦，反正我从来没有射到过；去找各种各样的动物，蚱蜢啊，小青蛙啊，也养过小蝌蚪，天天跟它聊天，每次养到它长出腿它就跑了。那时候还在日记里感叹，养不熟啊，养多久都没感情。

在那个手机和相机都很缺乏的年代，我们的笑脸和歌声更多的是飘向天空，飘向人们的眼眸，隔一段时间，要么被遗忘，要么在记忆里晾干，可是对当时的我们来说，却是无比珍贵的回忆。

夜深忽梦少年事，那些日子像一场很长很长的梦，那时候我的老房子还没有拆，我的小学还没有那么破败，我的小伙伴还没有走开。我还是那个小孩儿，背着书包走在田埂上，黄昏的夕阳陪伴着我，缓缓归来。

花成海，心向阳

世间所有的相遇，都是久别重逢

夕里雪

记得那天，我站在扎龙保护区高高的芦苇里，和身后四个老人合照的时候，我偷偷回头去看奶奶——她薄薄的嘴唇抿起一弯微笑，明晃晃的阳光下，满脸的褶皱在那瞬间都仿佛舒展开来。

我突然相信，原来世间所有的相遇，不过是久别重逢。

奶奶是经历过时代洗礼的一代人。少时丧父，中年丧夫；三年困难时期，为了给母亲讨几个馒头，在部队大院门外长跪不起；为了给上山下乡的姐姐送中药，一个人硬是走了二十多里的山路……好不容易到了可以享福的晚年，又从离异的儿子手中接过了年幼的我。

多灾多难的一生，再苦再难她都咬牙挺着，练就了坚毅的性格。我一直觉得奶奶整个人都是坚硬无比的，可直到那通连接了五十年时光的电话铃响起，我才发现：如果说一生无坚不摧的奶奶内心深处也有柔软的角落，那一定是她珍藏在心底的童年时光。

2001年夏天，在一个平淡无奇的周末下午，我们习以为常的电话声又响了。看着电视织着毛袜的奶奶腾出一只手去接电话，电话接通的瞬间，断了五十年的光景被重新拾起。一句"好久不见"，时光的帷幕徐徐拉开，那段从不曾被奶奶提起的童年往事，奇迹般地翻开了新的篇章。

时光如潮水般退却，让我们先回到五十多年前的齐齐哈尔，那所故事开始的小学。

战火纷飞的年代，学校变成了童年最后的避难所，将所有的血腥隔绝在外，青梅竹马的年少时光被凸显得尤为珍贵。那时被寄养在齐齐哈尔姑姑家的奶奶，还是个扎着羊角辫挎着帆布包的小姑娘。她有三个好朋友，两个男孩儿和一个女孩儿，四个人凑成了一个小团体，天天一起上学，一起吃饭，一起去河边洗衣服。

我奶奶姓宋，和其中年龄最大的男孩子恰好同姓，她便顺口地天天喊人家哥哥。后来奶奶给我看过宋爷爷年轻时的照片，高高的个子，宽宽的肩膀，忠实慈厚的模样。宋爷爷本身比奶奶年纪大，再加上家穷上学晚了好几年，比小团体的另外三个人整整大了五六岁，的确一直扮演着大哥哥的角色，踏踏实实地照顾着这几个弟弟妹妹。

小团体里的另外一个姑娘姓初，也是个穷人家的孩子，从小体弱多病，瘦得跟一棵豆芽菜似的，好像一阵风都能刮走，经常被高年级的男生欺负。那个混乱的时代，饿殍遍野，自家孩子晚上几年学甚至不读书是太正常的事情了，所以学生年龄跨度特别大，学生素质也良莠不齐。

我奶奶天生彪悍，年过六十还敢和小偷当街对骂，足以一窥年少时的战斗力之高。有人欺负闺密，她扔下书包就敢跟人家打架，脑门儿还没碰着人家下巴呢，也敢踮脚蹦高去揪人家头发。这些"光辉往事"奶奶自然是不会跟我说的，我去齐齐哈尔的时候，初奶奶在我耳朵边偷偷摸摸地说起这些，没了两颗门牙的嘴笑起来直漏风，奶奶在旁边正襟危坐，瞪她一眼，轻咳一声，初奶奶立刻闭了嘴。五十年了，啧啧，我奶奶还真是余威不减。

也不是没出过事。

那时的初奶奶还被叫作小初。小初上学时瘦得弱柳扶风，被学校的几个高年级小流氓盯上了。有一天几个男生把小初堵在门口，非要让她陪他们去河边捞鱼，小初自然是不愿意的，几个人便拉拉扯扯地要强行带走她。我奶奶一看这还了得，冲上去就把离小初最近的男生拉开了。几个男生立马把我奶奶围住，她一边周旋一边把小初往外推，告诉她："赶紧找我哥去！"

　　据初奶奶后来给我讲，等她一路哭哭啼啼地找到宋哥哥和小团体的另一个男孩儿小刘，一起跑回校门口时，只来得及看到一个男生抡着手中的砖头拍到了奶奶的脑壳上，奶奶晃了一下，立马倒在地上不省人事。

　　当时小初吓得脚都打绊子了，却听见身旁一声怒吼，宋哥哥他们已经冲了出去。

　　"多遗憾呐。"多年后回忆往事，老去的小初依旧啧啧赞叹，"当年宋哥那一架打得不知多威风，可是你奶奶被打晕了，一眼都没看见，呵呵呵呵。"

　　于是，这场让宋哥哥一战成名的群架，我奶奶全程晕着，眼睛紧紧地闭着，什么都没看见。她说她对于醒过来之后的唯一记忆，是小初小刘哭得跟死了亲妈似的眼睛，和满脑袋的牛粪味。

　　是的，牛粪味。农村长大的孩子都有自己的偏方，在城市森林中长大的我们连牛粪都极少见，更不要说知道牛粪这个东西对于外伤止血有奇效。

　　我奶奶只知道宋哥哥在背她去医生家之前先抓了一大块牛粪糊在她脑袋上；却不知道，去医生家短短不到一里地的路程上，宋哥哥早已泪流满面。眼泪吧嗒吧嗒地落在脚下，不善言辞的宋哥哥轻轻地把背上的我奶奶往上托了托，低声自语："秀秀，哥哥不会再让别人欺负你们。"

我上小学五年级那会儿开始喜欢看外国小说，经常会问奶奶："奶奶，你爱我吗？"我奶奶总是呵呵地冷笑，"你们这些小东西，动不动就爱不爱的，也不嫌害臊。"

是啊，我们早已习惯了说爱你，对亲人，对朋友。然而在那个不善言辞的时代，一个兄长对于妹妹最大的关爱，便是"不让别人欺负你"。

以至于，五十年后在齐齐哈尔重聚，宋爷爷听奶奶说完这些年的经历，居然当着一屋子小辈的面掩面痛哭，他一边哭一边说："秀秀啊，是哥哥没照顾好你。当初但凡有哥哥在，不能让你吃这么多苦，受这么多欺负啊……"

五十年时间弹指而过，纵是如山的承诺也早已随风散得干干净净。不过儿时戏言喊的一句"哥哥"，却在五十年后，让这个年近古稀的老人，哭得像个做错了事的孩子。

我没有经历过他们的时代，我不懂在那个物质和精神都匮乏的年代，人与人之间是如何紧紧地依靠在一起，相依取暖。

我只知道，从那之后，宋哥哥真的担起了一个兄长的责任，和小刘俩人排班接送两个女孩子上下学，风雨无阻。那应该是这一生中，奶奶被保护得最好的一段时光——长到看不到头的年少岁月，四个人肩并肩的身影，成了此生最柔软的回忆。

直到有一天，宋哥哥站在教室门口，却再也没看见那个本应该出现的羊角辫姑娘。

　　我上高中的时候，爸爸给奶奶买了第一部手机。我手把手地教奶奶怎么开机，怎么打电话，奶奶把我说的步骤都一笔一画地记在了小本上，写着写着，突然摘下眼镜抹了一把眼睛。我问她怎么了，她说："如果那时候有手机多好啊，走之前好歹也能说一声……"

　　我知道她说的"那时候"是什么时候，那是……欠缺了一辈子的一场告别。

　　五十年前再平凡不过的某一天，突然冲到教室门口的姑姑打破了奶奶平静的校园生活。父亲去世的噩耗，让奶奶连宿舍的行李都来不及收拾，直接从教室被姑姑抱上了回小城鸡西的大卡车。奶奶说，那天齐齐哈尔天气很晴，她从苫布的缝隙里看外面的蓝天，忐忑地想等回来之后要怎么和小初小刘还有宋哥哥解释自己的不告而别，他们才不会生气。小初哭鼻子是没跑了；小刘脾气最差，少不了骂她一顿；宋哥哥倒是未必会说什么，但是但是……

　　谁又能猜到呢，一走便是一辈子，一句对不起变成了一生来不及。

　　父亲早逝，母亲体弱，唯一的姐姐又只会哭；我的奶奶，当年只有十一岁的秀秀，放下书包，扛起了家庭的重担。

　　不是没想过联系齐齐哈尔的小伙伴，但是最开始因为丧父没心情，后来照顾家人太忙没时间，等到最后终于把一切安排上正轨，想要给他们写封信的时候，已经是小半

花成海，心向阳

年之后。奶奶坐在小桌前，点着煤油灯，对着白纸发了半天的呆，最终还是放下了笔。

此后多年，她读师专，参加工作，结婚生子，风风雨雨五十年，再没和旁人提起过童年的玩伴。

直到……2001年，那通电话的响起。

玩着微博微信人人网长大的我们，应该没有人还会记得"114"查号台。然而2001那年的夏天，刚刚帮老伴用114查完号的初奶奶，突发奇想，再次按下了这个号码。怎么就那么巧，刚好我奶奶她在鸡西待了五十年没再离开，刚好她在丧偶后未再婚因而成了户主，刚好我爸在给家里办座机的时候登记的是户主信息，刚好那个下午奶奶没有出门遛弯，接到了那个电话……

刚好刚好，冥冥之中，真的自有天意。

后来的故事就很简单了，2001年的暑假，我和奶奶从鸡西坐火车到了齐齐哈尔。不到十个小时的车程，他们走完这一程，却整整用了五十年。不知道还有没有别人看到，那个夏天，在齐齐哈尔的火车站，四个老人抱在一起失声痛哭，白发皱纹明晃晃刺人眼。

而我看到的，却是四个懵懂冲动的小学生，其中一个脑袋上还顶着止血的牛粪，在校门口边哭边笑，说不出的滑稽可笑，也说不出的感人至深。岁月倥偬，白驹过隙，逝去的时光早已无法追溯——多少年长路漫漫，多少次午夜梦回，我童年时的小伙伴啊，我现在多想把我这一生都细细讲给你听，但我只是紧紧握着你的手，仿佛我们只是刚刚在校门口道别，仿佛我们这半个世纪……从未分开。

奶奶的这五十年我早已了然，他们的五十年在我们见面之后才得以知晓。

四人帮变成了三人行，但是日子总还是细水长流地过。当年弱柳扶风的小初充分发挥了自己轻飘飘的特长，成了齐齐哈尔某中专的一名舞蹈老师，和同样教音乐的小刘最终成了夫妻；老实忠厚的宋哥哥进了机关，从小宋变成宋科长、宋处长，最后变成退休的老宋。老伴儿去世后他经常和当年的小刘，现在的刘爷爷一起，拉拉风琴，听听小曲，等初奶奶给他们炒两个小菜，拿往事下酒，偶尔谈起秀秀，都是一声长叹。

幸好缘分够深，哪怕迟了半个世纪，终究还是能有个不留遗憾的交代。

多年之后我看王家卫的《一代宗师》，看到一句话："念念不忘，必有回响。"蓦地，有关于奶奶的往事又浮上了心头。所谓"心诚则灵"不过如此，错过的原来真的能够久别重逢。我们错过了彼此的漫漫年华，但最终还来得及在这一生落幕之前，说一句，好久不见。

我那儿时的小伙伴啊，虽然岁月悄悄爬上了你的眼角眉梢，但你还是笑得一副没心没肺的模样。